高等院校
市场
营销
新 形 态
系列教材

新媒体营销与案例分析

微课版

黄俊亮 程丽琴／**主编**

王峰／**副主编**

M
ARKETING
M
ANAGEMENT

人民邮电出版社

北 京

图书在版编目（CIP）数据

新媒体营销与案例分析：微课版 / 黄俊亮，程丽琴
主编. -- 北京：人民邮电出版社，2025. --（高等院校
市场营销新形态系列教材）. -- ISBN 978-7-115-65252
-2

Ⅰ. F713.365.2

中国国家版本馆 CIP 数据核字第 20244J356H 号

内 容 提 要

本书共 9 个项目，依次为新媒体营销概述、电商平台营销、视频平台营销、直播平台营销、微信营销、内容电商平台营销、社交媒体平台营销、新媒体文案创作与传播、新媒体数据分析。本书内容涉及当前新媒体营销的主要领域，体现 AIGC 工具的应用，可以帮助读者掌握新媒体营销的具体策略与实战技巧。

本书提供 PPT、教学大纲、教案、模拟试卷等配套资源，用书教师可在人邮教育社区（www.ryjiaoyu.com）免费下载。

本书可作为本科、高职院校经济管理类专业相关课程的教材和创新创业公选课教材，也可作为企业的培训用书。

- ◆ 主　　编　黄俊亮　程丽琴
　　副 主 编　王　峰
　　责任编辑　陆冠彤
　　责任印制　陈　犇
- ◆ 人民邮电出版社出版发行　　北京市丰台区成寿寺路 11 号
　　邮编　100164　电子邮件　315@ptpress.com.cn
　　网址　https://www.ptpress.com.cn
　　涿州市京南印刷厂印刷
- ◆ 开本：787×1092　1/16
　　印张：12.75　　　　　　　　　　2025 年 6 月第 1 版
　　字数：301 千字　　　　　　　　2025 年 6 月河北第 1 次印刷

定价：49.80 元

读者服务热线：(010)81055256　印装质量热线：(010)81055316
反盗版热线：(010)81055315

前言

大数据时代，网络营销飞速发展，新媒体平台迭代频繁。用新媒体来宣传企业、推广品牌、销售产品和提供服务已经成为企业的必备技能，新媒体营销逐渐成为营销模式中的重要部分。作为时代发展的亲历者，编者见证了众多令人兴奋的新媒体方面的变革和创新。考虑到近年来新媒体营销在学术领域和实践领域迸发的研究热潮，编者认为通过教材梳理和提炼相关领域的进展，尤其是近年来的最新进展是十分必要的。

本书从新媒体营销领域的前沿出发，聚焦新媒体营销本质，具有以下特色。

（1）内容全面，学以致用

本书内容涉及当前新媒体营销的主要领域，以项目式的形式，按课前线上学习、课中任务展开、课后案例拓展和 AIGC 项目实训的逻辑组织本书内容。本书每个任务后设置了同步训练，帮助读者在实践中掌握新媒体营销的具体策略与实战技巧。

（2）资源丰富，便于教学

本书提供丰富的配套资源，便于用书教师教学。编者也会持续更新、完善配套资源，通过配套资源建设来服务教学，充分发挥育人实效，提升人才培养质量。

（3）立德树人，价值塑造

党的二十大报告指出，育人的根本在于立德。编者力求贯彻落实立德树人根本任务，培养适应数字经济发展需要的应用型、高层次专业人才。本书在内容设计上，注重培养读者的法治意识、责任担当和团队意识，体现专业学习与立德树人的统一。

编者希望通过本书，帮助读者树立新媒体营销思维、掌握新媒体营销技术和方法。通过学习本书，读者能够根据现实需要，熟练使用多种主流新媒体平台进行营销，借助 AIGC 工具，策划和开展新媒体营销活动，并从中体会到新媒体营销的魅力。

本书为校企合作编写，武汉软件工程职业学院黄俊亮、程丽琴担任主编，武汉菠菠菜数字科技有限公司总经理王峰担任副主编，王欣、王驰、李凤、宗珊参与了编写工作。本书共 9 个项目，项目 1 和项目 8 由黄俊亮编写，项目 2 由王驰编写，项目 3 和项目 7 由王欣编写，项目 4 由李凤编写，项目 5 和项目 6 由程丽琴、宗珊编写，项目 9 由黄俊亮、王峰编写。

在编写本书的过程中，武汉软件工程职业学院创新创业学院中小企业创业与经营专业的高雨妍、杨琼、金美、章羽洁、卓琪、郑苏同学参与了案例的编写，他们学习刻苦、专业能力强，编者在此向他们表示感谢。

为提升本书质量，编者参考了相关学者的研究成果和学术精华，在此表示诚挚的谢意！

编者也期待本书能够激发更多新的新媒体营销想法和创意，进一步促进新媒体营销的发展。

由于编者水平有限，本书难免存在疏漏之处，敬请各位读者不吝赐教，提出修改建议。修改建议可直接反馈至编者的电子邮箱：1091211193@qq.com。

编者

2025 年 5 月

目录

项目 1　新媒体营销概述

在当今市场环境下，同质产品的价格差异逐渐缩小，各行业之间的竞争已不再局限于价格竞争，还包括知名度、品牌等多方面的竞争。一个成功的企业不仅需要有质量过硬的产品，还要有正确的品牌价值观。利用新媒体进行品牌营销是一种高效的营销战略。微信、抖音、小红书、淘宝等新媒体平台，不仅可以让每个人都成为信息的创造者，同时也可以让信息的传播范围更广。本项目通过介绍新媒体营销及其平台，帮助大家学习新媒体营销的相关基础知识。

学习目标

价值塑造：遵守《中华人民共和国广告法》(以下简称《广告法》)、《中华人民共和国电子商务法》(以下简称《电子商务法》)、《中华人民共和国消费者权益保护法》(以下简称《消费者权益保护法》)；遵守网络平台规则和文明公约；建立以用户为中心的营销理念。

知识掌握：了解新媒体营销的定义；识别不同类型的新媒体营销平台；辨别新媒体营销的十一种方式。

能力提升：概括新媒体营销的概念；分析新媒体营销的流程；分析新媒体营销典型案例；策划新媒体营销活动。

课前线上学习

在线资源学习

请同学们在课前自主学习在线课程，扫一扫右侧二维码即可开始学习。

自主学习测试

一、单选题

1. 以下哪项不属于新媒体？（　　　　）

A. 报纸　　　　　B. 微信　　　　　C. 小红书　　　　　D. 短视频

2. 市场营销是指个人和集体通过创造、出售，并同别人自由交换（　　），以获得其所需之物的社会过程。

    A. 需要、欲望和需求　　　　　　　　B. 信息和创意

    C. 产品和价值　　　　　　　　　　　D. 服务

3. 营销人员的第一项工作，就是进行（　　）。

    A. 产品宣传　　　B. 市场细分　　　C. 产品销售　　　D. 管理客户关系

二、多选题

1. 新媒体的特征有（　　）。

    A. 即时性　　　B. 交互性　　　C. 跨时空性　　　D. 失真性

2. 常见的新媒体营销渠道包括（　　）。

    A. 微信公众号　　　B. 小红书　　　C. 抖音　　　D. 报纸

3. 网络视频营销策划创意可以从（　　）获得。

    A. 产品与品牌角度　　　　　　　　　B. 消费者角度

    C. 市场角度　　　　　　　　　　　　D. 社会公众角度

4. 新媒体营销能够（　　）。

    A. 吸引消费者的注意、兴趣　　　　　B. 促成购买行动

    C. 给广告主带来意想不到的收获　　　D. 影响广告制作

课中任务展开

1.1　了解新媒体与新媒体营销

1.1.1　认识新媒体

1. 新媒体发展的背景和趋势

（1）背景。

新媒体作为近年来快速崛起的行业之一，以时效快、涉及面广、影响大的特点被无数个人、企业热捧。新媒体平台上各类账号大量涌现，很多大品牌也开始利用新媒体平台的特性开展品牌营销，并获得了巨大成功，新媒体营销的概念由此诞生。

（2）趋势。

《"十四五"数字经济发展规划》等重大战略规划的出台实施，形成了推动数字经济发展的强大合力，激发了我国数字经济发展的蓬勃活力。新媒体发展有以下趋势。

① 移动互联网正在进入 3.0 阶段，中国数字经济呈现三个发展趋势。

一是纵向扩展，与传统产业全面融合，从消费互联网转向产品产业互联网，新零售、新金融、内容产业、医疗健康、在线文娱等领域发展迅速；二是横向扩展，中国互联网企业走向国

外市场；三是深度发展，在人工智能、智能制造等硬科技领域（核心技术驱动）形成突破，以智能硬件作为突破口，实现万物互联。

② 媒体融合发展转变，从"小融合"走向"大融合"。

2020 年以来，媒体融合发展呈现出方向性的转变。这里提到的"小融合"指的是传媒领域的媒体与业务间的融合，"大融合"指的是跨领域地将建设自有品牌、推动资源协同、提供商务服务、深化政务服务等作为媒体融合发展的主要方向。

③ "双微"发展势头不减，抖音发展成为新兴趋势。

新媒体经历了多媒体、自媒体、融媒体的发展过程，这个过程中诞生了一个词，叫"两微一抖"。"两微"是指微信、微博，"抖"指的是抖音。微信和微博自诞生以来，就凭借其强大的社交属性和信息传播功能，成为了新媒体领域的重要平台。而抖音作为新兴的短视频平台，以其简洁、富有创意的内容迅速崛起，吸引了众多年轻群体，许多商家通过创意短视频进行产品营销。

④ 内容的价值回归，优质内容和品牌方成为资本市场的新宠。

无论是在新闻媒体领域，还是在新媒体产品领域，内容的价值都非常重要。内容付费领域不断拓展，知识 IP 和知识达人不断出现，短视频和音频成为内容付费行业的主要产品形式。怎样确保内容付费产品的打开率成为一个重要问题，内容付费也成为输出中华优秀传统文化的新方式和新媒体盈利的新增长点。

⑤ "Z 世代"消费力量崛起。

"Z 世代"（意指 1995—2009 年出生的人）是数字时代的"原住民"，作为受网络技术深刻影响且成长条件相对优越的一代，他们的消费理念与喜好已经成为市场关注与研究的重点。"Z 世代"的"破圈"发展带动新消费市场繁荣，优质内容和品牌方能够更好地迎合这一群体的需求，从而获得更大的发展活力。

⑥ 直播多元化、常态化、全民化发展，仍处于黄金发展期。

直播成为风口行业，创造了很多话题和商业价值。相关管理政策的密集出台为规范行业发展提供了准则，相关直播基地的建设和对人才的界定与管理拓展了行业发展空间。政府与直播平台形成良性互动，并通过监管推动业态向好发展。

⑦ 长、短视频博弈升级，中视频成为视频行业发展的新赛道。

中视频是指区别于短视频和长视频而提出的新的视频内容，其突出特征是时长为 1～30分钟，展现丰富的视觉信息，以职业内容创作者为核心进行内容创作。在当前视频行业中，长视频平台面临着用户增长瓶颈和盈利压力，短视频平台虽然用户数量庞大，但内容深度相对不足。

中视频正好填补了这一市场空白。随着用户对优质内容需求的增加、内容付费意愿的增强，以及由于缩短视频时长有利于拓展观看场景，各平台均诞生了以专业用户生产内容或专家生产内容（Professional User Generated Content，PUGC）为主的长视频变短的中视频形式。

2. 新媒体的定义和特征

（1）新媒体的定义。

新媒体是一个相对的概念，随着时代的发展其内涵也在不断变化。如广播相对于报纸是新媒体，电视相对于广播是新媒体。目前所谈的新媒体包括网络媒体、手机媒体等形态。

联合国教科文组织对新媒体下的定义是："以数字技术为基础，以网络为载体进行信息传播的媒介。"从这个定义可以看出，新媒体是数字化时代到来后出现的各种媒体形态，凡是利用数字技术、网络技术，通过互联网、无线通信网等渠道，以及计算机、手机、数字电视机等数字或智能终端，向用户提供信息和娱乐服务的传播形态，都可以被看作新媒体。新媒体的形态还在不断演变和发展，如果传统媒体开始利用信息技术改变自身运营模式，那么这些传统媒体也可以变成新媒体，如传统报纸升级为数字报纸后，也是新媒体的一种。

（2）新媒体的特征。

① 即时性。

用户通过手机、计算机或者其他智能终端能够快速发布信息和及时接收信息，这打破了传统媒体定时传播的规律，真正实现了无时间限制的传播。

② 交互性。

在新媒体环境下，信息的传输是双向的，甚至是多向的，每个用户都具有信息交流的控制权。公众既可以是信息的接收者，也可以变为信息的发送者；既可以是信息的制作者，也可以是信息的传播者，真正实现了信息交流的双向互动。

③ 跨区域性。

新媒体可以利用数据通信的便捷性，打破物理空间的束缚，实现跨区域与世界互联。

④ 失真性。

匿名登录虽然可以更好地保护公众隐私，但也会导致虚假信息泛滥、信息可信度不高等问题，进而使信息的真实性容易遭到公众的质疑。

1.1.2 认识新媒体营销

1. 新媒体营销的定义

新媒体营销是指企业或个人以新媒体平台为主要渠道，通过各种数字化手段来推广产品、服务或品牌，以达到营销目的的一系列活动。例如，在知乎发一篇文章，在文末提供一个视频课程，但需要用户填写表单或者添加文章发布者的微信号才可以获得；在喜马拉雅举办一场免费活动，要求用户填写表单才能申请参加；在微信社群进行一场分享活动，要求用户填写表单才能获得语音文件和其他相关资源。以上行为实现与用户的互动，进而传播营销信息。

2. 新媒体营销的流程

（1）分析用户。

新媒体时代的用户倾向于通过社交媒体来获取信息，并且更倾向于从 PC（Personal Computer，个人电脑端）端转向移动端。因此，进行新媒体营销，要分析用户，知道他们有什么需求，了解他们的使用习惯、阅读习惯，再建立用户画像，根据用户画像选择恰当的传播矩阵进行内容的传播。

如何分析用户、建立用户画像呢？首先要明确什么是用户画像。用户画像即用户信息标签化，是指在收集与分析包含用户的社会属性、生活习惯、消费行为等主要信息的数据后，抽象出一个用户的商业全貌。例如，王者荣耀这款游戏的用户画像为：年龄跨度大、多数人很少接触电子竞技、学历在高中及以上、社交风格偏向二次元、收入水平中等。明确了什么是用户画像之后，再来了解如何建立用户画像。

建立用户画像比较常用的两种方法是：一、用户调研，即利用问卷直接获取用户数据，如性别、年龄、地域、职业等；二、直接交流，如评论互动，或者进行用户访谈等，深入了解用户的喜好和需求。目前主流的新媒体平台，如微信、抖音、小红书等，主要是通过用户的搜索、浏览、手机硬件信息，利用大数据技术等建立用户画像。

（2）选择正确的内容类型。

新媒体营销，更多的是内容与渠道的结合。内容是新媒体营销的核心，一般分为两种类型："常青树"和"热点话题"。"常青树"是指在长时间内都不会过时的话题，如教育、汽车等；而"热点话题"则具有较强的时效性，往往只在极短时间内有讨论的价值。

如何平衡内容创作中"常青树"和"热点话题"的比例呢？一般来说，前者占80%、后者占20%是较为恰当的搭配。例如，对于一个时尚类的公众号，衣物面料的选择、基本款的搭配方法、化妆的基础技术等话题就是"常青树"，也是支撑这个公众号长期发展下去的基础，占80%；与时尚有关的热点话题占20%即可。

（3）筛选合适的新媒体营销渠道。

新媒体营销渠道，即新媒体营销平台，指的是用户获取信息的来源。新媒体营销并不是单一地通过某一种渠道进行营销，而是需要利用多种渠道进行整合营销。新媒体营销渠道主要包括微信公众号、微博、小红书、抖音等。

（4）采用多元化的新媒体营销呈现形式。

新媒体营销呈现形式是指新媒体营销内容在各渠道的呈现形式，主要有文字、图片、音频等，下面结合具体的案例进行说明。

① 文字。

文字是最为常见的内容呈现形式。例如，某凉茶品牌在输掉官司后发布了一条微博，配文为"对不起"，将败诉转变为成功的营销事件。通过巧妙地运用文字，可以引发用户的情感共鸣。

② 图片。

图片这种直观的方式会让用户瞬间记住其所要宣传的产品或思想。例如，国产老字号化妆品品牌百雀羚在其微信公众号上发布的"一九三一"长图广告，贴合了手机端用户的使用习惯，达到了"刷屏"的效果。

③ 音频。

音频不需要占用双眼即可实现伴随式的营销。例如，2023年2月，"乌梅子酱"火爆三大音乐平台榜首，抖音话题播放量超15.5亿次，淘宝搜索量激增200倍。商家紧跟潮流，为商品打上"李荣浩同款""乌梅子酱香水""乌梅子酱穿搭"等标签，借歌营销。

④ 视频。

视频营销包括电视广告、网络视频、微电影等各种方式。例如，蜜雪冰城在2023年5月

20 日揭晓了品牌吉祥物雪王的"甜蜜伴侣"——雪妹，并为此量身打造了一部爱情短片。这部短片以细腻的情感刻画和唯美的画面呈现，不仅完美契合了"520"的浪漫氛围，更在网络上掀起了一股观看与分享的热潮。

⑤ H5 页面。

H5 页面因为形式多样，往往能取得良好的传播效果。例如，小米商城利用 H5 页面来进行限时抢购活动。在 H5 页面上，用户可以看到产品的详细介绍、抢购时间、抢购数量等信息，并且可以在页面上直接下单购买，能够吸引大量用户参与抢购活动，提高销售额。

同步训练

请自学马斯洛需求层次理论，将各层次的需求按照从低到高的顺序填到图 1-1 中。

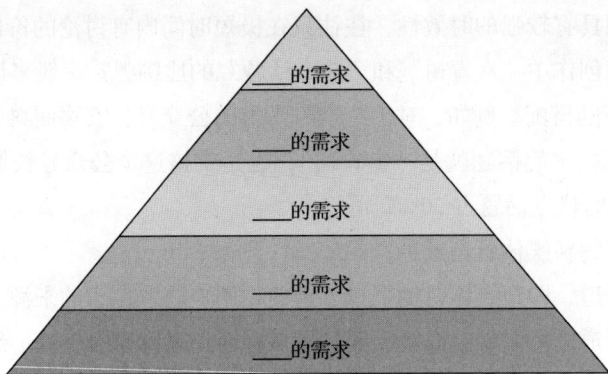

图 1-1　马斯洛需求层次理论

1.2　了解新媒体营销平台与新媒体营销方式

1.2.1　新媒体营销平台分类

根据营销方式、营销对象、营销目的，新媒体营销平台主要分为以下五大类。当然，现在综合性发展趋势越来越强，某个新媒体营销平台同时属于多种类型也很常见。

1. 电商平台

电商平台是一个能为企业或者个人提供业务洽谈、交易服务的数字平台，同时保证电商业务可以在网络上顺利运转，使电商业务拥有良好的管理环境，协调并整合信息流、物流及资金流，如淘宝、京东、拼多多等。

2. 视频平台

视频平台是指在完善的技术支持下，让用户在线流畅发布、浏览和分享视频作品的网络媒体，如爱奇艺、优酷、哔哩哔哩（以下简称"B 站"）等。

新媒体营销与案例分析（微课版）

3. 直播平台

直播平台是指营销者根据现场发生的事件及其发展进程同步制作和发布信息，向消费者传递信息或与消费者产生交易的互联网平台，如抖音、快手、鹅直播等。

4. 内容电商平台

内容电商平台是一种通过发布文字、图片、视频等优质的内容，激发消费者的兴趣，从而达成交易的平台，如小红书、喜马拉雅等。

5. 社交媒体平台

社交媒体平台指互联网上基于用户关系的内容生产与交换平台，是人们用来分享意见、见解、经验和观点的工具和媒介。现阶段常用的社交媒体平台有微信、抖音、QQ、微博、快手、B站、小红书、知乎、豆瓣和百度贴吧等。

1.2.2 新媒体营销方式

新媒体营销方式如下。

1. 病毒营销

病毒营销是一种常用的网络营销方式，常用于网站推广、品牌推广等。其通过提供有价值的产品或服务，实现"让大家告诉大家"，通过让用户为品牌宣传，从而发挥"营销杠杆"的作用。病毒营销已经成为网络营销最为独特的手段之一，被越来越多的商家成功利用。

2. 事件营销

事件营销是指企业通过策划、组织和利用具有新闻价值、社会影响力及名人效应的人物或事件，吸引媒体和消费者的关注，以求提高企业或产品的知名度、美誉度，树立良好品牌形象，并最终促成产品或服务的销售的手段和方式。这种营销方式由于具有受众面广、突发性强，在短时间内能使信息达到最大、最优传播的效果，能为企业节约大量的宣传成本等特点，近年来已成为国内外流行的一种公关与市场推广手段。

3. 口碑营销

口碑营销是指企业在品牌建立过程中，通过消费者对产品或服务的评价、反馈和交流，将信息或者品牌传播开来的一种营销方式。口碑是影响消费者购买决策的重要因素之一，商家也越来越重视与消费者的及时沟通，以争取获得好的口碑。

4. 饥饿营销

饥饿营销主要运用于产品或服务的商业推广，是指产品提供者有意调低产量，制造供不应求的假象，以期调控供求关系、维护产品形象并维持产品较高售价和利润率的营销策略。

5. 知识营销

知识营销指的是向大众传播知识，让消费者建立新的产品概念，进而使消费者萌发对新产品的需要，达到拓展市场的目的。

6. 互动营销

在互动营销中，互动的一方是消费者，另一方是企业，企业营销的关键是抓住共同利益点，找到巧妙的沟通时机和方法将自身与消费者紧密地结合起来，从而达到增强消费者黏性的目的。

7. 情感营销

情感营销就是把满足消费者的情感需求作为企业营销战略的核心，通过情感包装、情感促销、情感广告、情感口碑、情感设计等策略来实现企业的经营目标。

8. 会员营销

会员营销是一种基于会员管理的营销方法，企业通过将普通消费者变为会员，分析会员消费信息，挖掘会员的后续消费力，汲取终身消费价值，并通过转介绍等方式，使会员产生的价值最大化。会员营销与传统营销方式在操作思路和理念上有众多不同，其通过会员积分、等级制度等多种管理办法来增强消费者黏性和活跃度，使消费者生命周期持续延长。

9. 借势营销

借势营销是商家巧妙地借助社会热点或消费者比较关注的某种现象、某件事、某个人，将产品的推广融入其中，使消费者自然接受产品的营销手段。借势营销的成功基础是热点合适、反应迅速和策划富有创意。

10. IP营销

知识产权（Intellectual Property，IP）营销是指深入挖掘产品的文化属性、类型和特点进行宣传，使得该产品不断累积大量忠实粉丝的营销手段。通俗地讲，IP就是被大众所熟知的人或物，包括小说、动漫、游戏、电影、电视剧、名人等。企业通过IP进行宣传和推广，能有效达到品牌曝光、涨粉和销售的目的。

11. 跨界营销

跨界营销可以被定义为，根据不同行业、不同产品、不同偏好的消费者之间所拥有的共性和联系，对一些原本毫不相干的元素进行融合，使其互相渗透，进而彰显一种新锐的生活态度与审美方式，以此赢得目标消费者的好感，使合作的企业都能够收获利益的营销方式。跨界营销凭借出乎意料的玩法，不但能吸引受众的注意力，还能帮企业大幅提升消费者的好感度。

病毒营销、事件营销、借势营销、饥饿营销一般适用于品牌的前期宣传，因为这4种营销方式影响范围广，更能抓住用户的注意力，从而能让用户快速形成对品牌的认知。情感营销、知识营销、会员营销、口碑营销、互动营销、IP营销、跨界营销多用于品牌的中后期宣传。在用户对品牌形成了初步的认知之后，情感营销可引起用户的共鸣；知识营销、口碑营销可提高用户对品牌的认可度；会员营销、互动营销、IP营销、跨界营销可增强用户对品牌的黏性。

📔 同步训练

1. 请根据你所学习的新媒体营销平台分类知识填写表1-1。

表 1-1 新媒体营销平台分类

序号	新媒体营销的平台分类	代表平台（列举 2~3 个）
1		
2		
3		
4		
5		
6		

2. 请列举新媒体营销方式，各选取一个代表案例填入表 1-2。

表 1-2 新媒体营销方式

序号	新媒体营销方式	代表案例
1		
2		
3		
4		
5		
6		
7		
8		
9		
10		
11		

课后案例拓展

"奏折"式折叠手机

1. 案例背景

2024 年 9 月 10 日，华为发布了三折叠屏手机——华为 Mate XT 非凡大师。以独特的手机款式、强势的推广团队，以及富有吸引力、"三折叠怎么折，都有面"的广告语，华为的三折叠手机迅速走红，如图 1-2 所示。

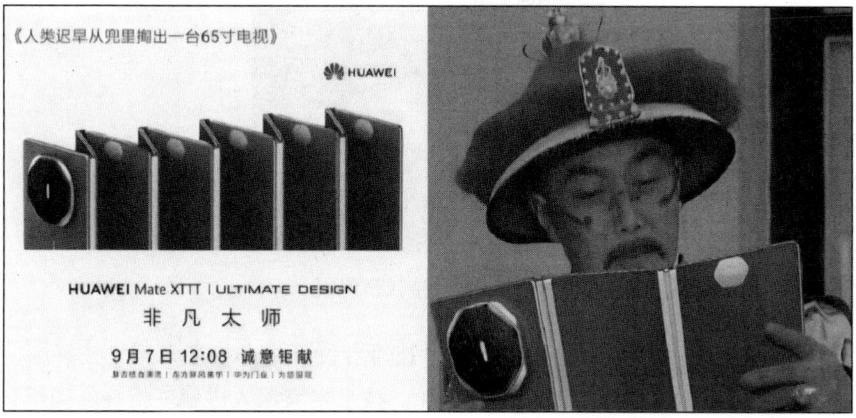

图 1-2 华为 Mate XT 非凡大师广告海报及网络配图

2. 营销策略

（1）清晰的市场定位。

商务人士：他们寻求高端的生活和工作体验，华为 Mate XT 非凡大师的精致设计和先进科技正好迎合了他们对品质的追求，如图 1-3 所示。

科技美学爱好者：这款手机在技术革新的同时，也注重极致的美学设计，非常适合那些既看重技术前景又注重设计美感的用户，特别是那些偏好轻薄折叠机身的人群。

移动办公人士：华为 Mate XT 非凡大师的三折屏设计提供了类似平板电脑的使用体验，便于查看文档和进行视频通话，非常适合需要灵活移动办公的用户。

图 1-3　华为 Mate XT 非凡大师广告海报

（2）多个阶段的品牌故事宣传。

预热阶段：华为与来自不同领域的商业人士展开合作包括知名影星、运动员和著名作家等，如图 1-4 所示。通过分享工作他们的个人故事，为品牌注入了"卓越"的多元视角，吸引了很大的流量。

图 1-4　明星代言海报

引爆阶段："非凡"品牌发布会，利用高科技舞台设计举办打造未来科技氛围。发布会现场运用先进投影和动态效果，展示手机折叠变化。技术专家深入讲解三折叠屏创新，讲述"非凡"技术故事,让消费者感受产品独特价值,如图 1-5 所示。

图 1-5　发布会场景

3. 营销启示

创新设计与精准定位:打造差异化竞争优势。华为 Mate XT 非凡大师的成功首先归功于其突破性的三折叠屏设计,这一创新不仅满足了消费者对新鲜感和科技感的追求,还通过精准定位市场,提供了独特的使用体验和价值主张,从而在竞争激烈的市场中脱颖而出,建立了差异化的竞争优势。

多元化营销策略与全方位品牌体验:构建深度连接。华为 Mate XT 非凡大师的营销上采取了多元化的策略,包括利用明星效应提升品牌知名度,通过高科技发布会展示产品创新和技术实力,以及通过温馨故事传播加深品牌与消费者的情感联系。这些策略相互补充,共同构建了一个全方位、多层次的品牌体验,不仅增强了消费者对品牌的认知,还通过情感共鸣和互动参与,加深了品牌与消费者之间的深度连接。

学有所思

华为三折叠屏手机营销用到了哪些方式?对你有什么启发?

_____

_____

_____

AIGC 项目实训

使用 AIGC 工具制定营销策略

在当前竞争激烈的花卉市场中,花漾时光作为一家专注于国内中高端市场的花店品牌,产品线覆盖鲜花花束、盆栽绿植、干花装饰及个人花卉护理产品。为了进一步提升品牌影响力，加强与目标受众的互动，花漾时光计划借助 AIGC 工具在新媒体平台上开展一系列营销活动。

1. 实训要求

（1）工具选择：使用至少一款 AIGC 工具，如 DeepSeek。

（2）案例收集：查找与花漾时光定位相近的品牌案例，帮助其开展新媒体营销策划，涵盖品牌推广、产品销售等营销目的。

（3）内容创作：围绕特定国产品牌或产品进行新媒体营销策划，创作涵盖多形式的内容，结合 AIGC 工具，突出品牌和产品特色，满足受众需求。

（4）数据分析：在模拟或真实平台发布内容，收集至少 7 天数据，用相关工具分析评估传播和营销效果，提出改进建议。

2. 实训操作

（1）明确目的：使用 DeepSeek 为花漾时光制定可参考的新媒体营销策略，提升花漾时光在新媒体平台上的知名度与美誉度，增加目标受众的品牌忠诚度，促进产品销售。

（2）设计指令：形成具体指令，例如，花漾时光是一家专注于国内中高端市场的品牌，计划在新媒体平台上开展营销活动，旨在提升品牌知名度与美誉度。目标用户为对高品质生活、家居环境美学升级以及情感传递的深层次需求的用户群体。营销活动需覆盖鲜花花束、盆栽绿植、干花装饰及个人花卉护理产品，同时注重与受众的互动与内容创意。请基于这些信息为花漾时光制定新媒体营销策略。

（3）发送指令：打开 DeepSeek 页面，在底部的文本框中输入要求，并按"Enter"键发送，查看给出的营销策略，如图 1-6 所示。

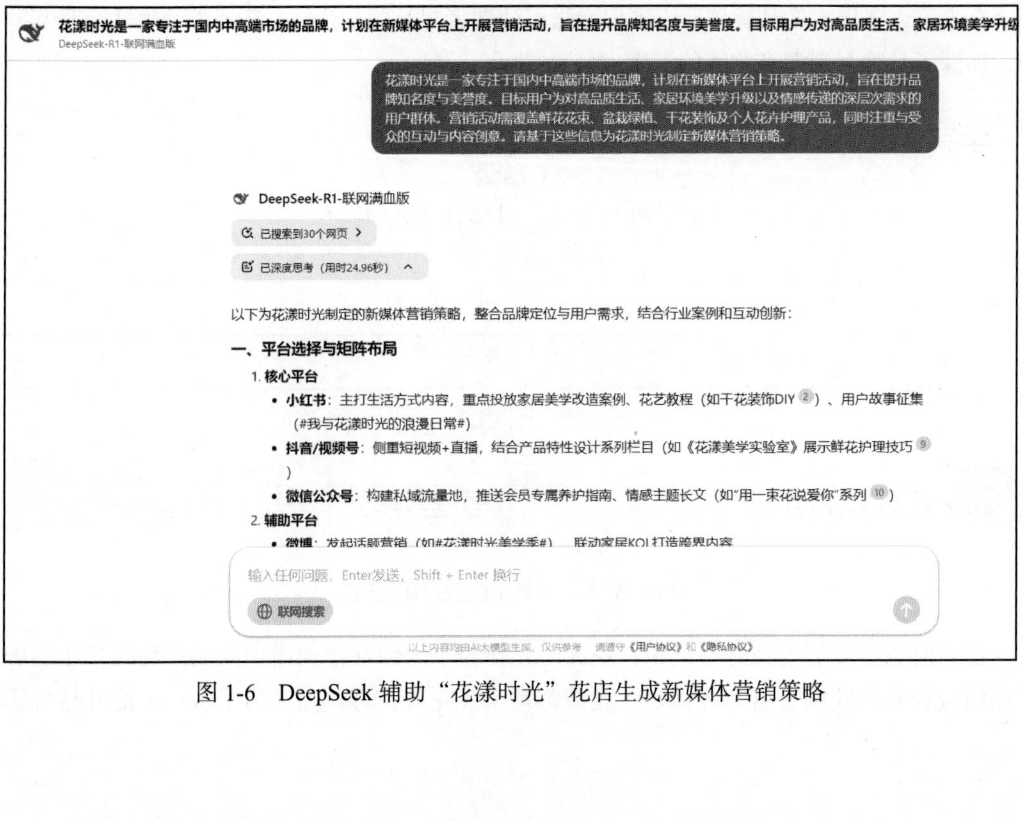

图 1-6　DeepSeek 辅助"花漾时光"花店生成新媒体营销策略

项目 2　电商平台营销

　　互联网的兴起不仅改变了人们获取信息的方式，也改变了人们的生活方式。以前，人们如果需要买生活用品，就要去超市；如果想买衣服，就要去商场；如果想买菜，就要去菜市场。但现在，人们只需坐在家中，使用手机或者计算机即可轻松下单购物，其中，电商平台扮演着重要角色。本项目将讲解电商平台的分类及特点等内容，帮助读者掌握电商平台基础操作和电商平台营销流程等内容。

学习目标

　　价值塑造：遵守《电子商务法》；遵守电商平台规则；培养诚实守信的职业道德和文明礼貌的网络素养。

　　知识掌握：掌握电商平台的基本操作；了解电商平台的分类、特点。

　　能力提升：策划并开展电商平台营销活动；进行电商平台店铺推广。

课前线上学习

在线资源学习

请同学们在课前自主学习在线课程，扫一扫右侧二维码即可开始学习。

自主学习测试

一、单选题

1. 以下哪个不是电商平台？（　　　　）

　　A. 淘宝　　　　　　B. 京东　　　　　　C. Today　　　　　　D. 拼多多

2. 以下哪个不是常说的电商平台类别？（　　　　）

　　A. B2B　　　　　　B. B2C　　　　　　C. C2C　　　　　　D. H1H

3. 一般认为，（　　　　）年是中国电子商务的元年。

　　A. 1995　　　　　　B. 1997　　　　　　C. 1999　　　　　　D. 2000

4. 在电商平台开展一场活动，不需要以下哪类人员？（   ）

    A. 设计人员　　　B. 仓库人员　　　　C. 客服人员　　　　D. 安保人员

二、多选题

1. 电商平台在开展一场活动时，上架产品方面需要注意以下哪几点？（   ）

    A. 产品的价格　　B. 产品的实用性　　C. 产品的推广　　　D. 产品的优势

2. 在以下哪几个日期，电商平台常会开展规模较大的营销活动？（   ）

    A. 11 月 11 日　　B. 6 月 18 日　　　C. 12 月 12 日　　　D. 3 月 8 日

3. 当开展一场活动时，以下哪几个环节必不可少？（   ）

    A. 活动策划　　　B. 产品运营　　　　C. 店铺推广　　　　D. 活动复盘

4. 以下哪些是电商平台在做活动时可以用到的宣传方式？（   ）

    A. 商场地下车库广告牌的使用

    B. 小区电梯广告牌的使用

    C. 手机 App 广告的使用

    D. 公共交通广告牌的使用

课中任务展开

2.1　认识电商平台

2.1.1　电商平台的分类

在日常生活中，电商平台是多种多样的，具体有以下几类。

第一类，B2B 电商平台。企业对企业（Business-to-Business，B2B），是指通过专用网络或互联网，进行数据信息的交换、传递，开展交易活动的商业模式。该模式将企业内部网和企业的产品及服务，通过 B2B 网站或移动客户端与客户紧密联系起来，通过网络的快速反应，为客户提供更好的服务，从而促进企业的业务发展。使用 B2B 模式的电商平台为 B2B 电商平台。

第二类，B2C 电商平台。企业对个人（Business-to-Consumer，B2C），是指通过信息网络及电子数据信息的方式实现企业与消费者之间的各种商务活动、交易活动、金融活动和综合服务活动，是消费者利用互联网直接参与经济活动的模式。使用 B2C 模式的电商平台为 B2C 电商平台。

第三类，C2C 电商平台。个人对个人（Consumer-to-Consumer，C2C），是指个人之间开展的商务活动。例如，一个消费者通过网络进行交易，把自己的一台计算机出售给另外一个消费者，此种交易类型就称为 C2C。使用 C2C 模式的电商平台为 C2C 电商平台。

第四类，O2O 电商平台。线上到线下（Online-to-Offline，O2O），是指将线下的商务机会与互联网结合，让互联网成为线下交易的平台，实现线上交易、线下消费。使用 O2O 模式的电商平台为 O2O 电商平台。

2.1.2 电商平台的特点

电商平台虽然种类繁多，但有一些共同的特点。

1. 商务性

电商平台最基本的特点就是商务性，即具有促进买卖双方交易的功能。就商务性而言，电商平台可以帮助卖家拓展市场，增加客户数量；通过信息连接，卖家可记录客户的访问次数、购买形式和购买动态等信息，通过使用一些具体的数据分析方法对目标客户数据进行分析，从而达到赢利的目的。

2. 服务性

在电商平台上，客户不再受时间、地域等因素的限制，可以随时随地购买自己想要的产品；卖方也可以将自身的产品或者服务移至互联网上，使客户可以更加方便地获得需要的产品或服务。

3. 价值性

与传统商业模式相比，电商平台可以使企业或者卖家以极低的成本进入全球化的电子市场。中小企业在互联网上可以拥有和大企业一样的电子网站，并且参与到对市场的争夺中，这能够为全球经济的发展带来动力。电商平台也可以为所有客户提供他们所寻找的信息及其他有价值的内容。

4. 资源共享性

互联网使传统的空间概念发生了变化，世界各地的个人、企业或机构，都可以通过电商平台紧密地联系在一起，实现信息共享、资源共享等。

5. 互动性

通过电商平台，所有企业或者卖家之间都可以直接交流、谈判、签合同，客户也可以把自己的建议反馈给企业或者卖家，而企业或者卖家则要根据客户的反馈及时做出调整，实现与客户的良性互动。

6. 集成性

电商平台的集成性体现为事务处理的整体性和统一性。电商平台能规范事务处理的流程，将人工操作和电子信息处理的流程集成为一个不可分割的整体。这样不仅能提高人力和物力的利用效率，同时也加强了系统运行的严密性。

7. 可扩展性

具有可扩展性的网上商城系统对于使用电商平台的企业而言才是稳定的系统。在使用过程中，如果突发流量增大的情况，电商平台必须能及时扩展，以避免系统阻塞，从而保障客户有良好的体验。

8. 安全性

与传统的商业模式不同，电商平台的安全性至关重要。电商平台应能够提供一种端到端的安全保障方案，从而保障客户及企业的信息安全、资金安全等。

打开手机，看看自己有哪些购物软件，这些购物软件属于哪种类型？将相关信息填入表 2-1。

表 2-1 手机购物软件调查

手机上的购物软件	类型

2.2 电商平台基础操作

下面以淘宝和京东为例，介绍电商平台的基础操作。

2.2.1 淘宝基础操作入门

如今，在淘宝开设一家店铺非常简便快捷，但需要注意的是，淘宝店铺的年流水额如果超过 10 万元，店主就需要办理营业执照并进行审核。开设淘宝店铺的具体步骤如下。

步骤 1：打开浏览器，搜索并进入淘宝首页，如图 2-1 所示。

图 2-1 网页端淘宝页面

步骤 2：单击右上角的"免费开店"，如图 2-2 所示。

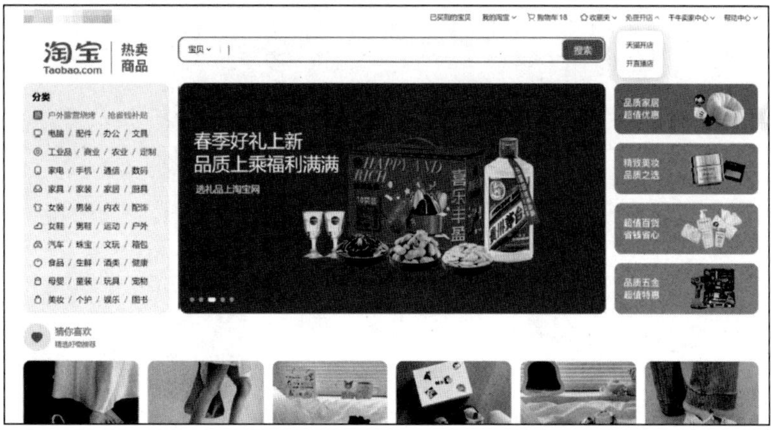

图 2-2　网页端"免费开店"进入页面

步骤 3：进入"免费开店"后，单击"0 元开店"，如图 2-3 所示。

图 2-3　"免费开店"页面

步骤 4：淘宝 App 扫码或账号密码登录淘宝账号，登录成功后会显示自己的淘宝账号，核对无误后重新进入"免费开店"页面，再次单击"0 元开店"，如图 2-4、图 2-5、图 2-6 所示。

图 2-4　淘宝账号登录页面

图 2-5 淘宝账号核对页面

图 2-6 淘宝账号登录成功后的页面

步骤 5： 填写店铺信息，根据自身情况选择"个人"或"企业"，并填写店铺名称和签署开店协议。注意：若选择"企业"应登录绑定企业支付宝的淘宝账号，已经绑定个人支付宝的淘宝账号无法选择"企业"。下面以"个人"为例，介绍开店流程，如图 2-7 所示。

图 2-7 店铺信息填写页面

新媒体营销与案例分析（微课版）

步骤 6：完成支付宝账号认证。支付宝账号认证有以下两种方式，如图 2-8 所示。

第一种是 PC 端操作认证。单击"去认证"，进入认证页面后，按照要求选择"国籍""证件号码"，选择"验证人脸"或"验证银行卡"。单击"验证人脸"后，请根据提示使用支付宝 App 扫码完成人脸验证。若单击"验证银行卡"，则按照要求填写相关资料以完成认证。

第二种是直接使用支付宝 App 扫码进行认证。

图 2-8　账号支付宝认证页面

步骤 7：填写主体信息，上传个人证件图以及填写经营地址，如图 2-9 所示。

图 2-9　主体信息填写页面

步骤 8：完成人脸认证。手机淘宝 App 扫一扫进入人脸识别系统，根据提示内容完成相关操作，如图 2-10 所示。

图 2-10　人脸认证页面

步骤 9：人脸认证完成后，等待系统审核，审核完成后个人开店成功。

2.2.2　京东基础操作入门

步骤 1：打开浏览器，搜索并进入京东首页。单击右上角"商家服务"，选择"合作招商"，如图 2-11 所示。

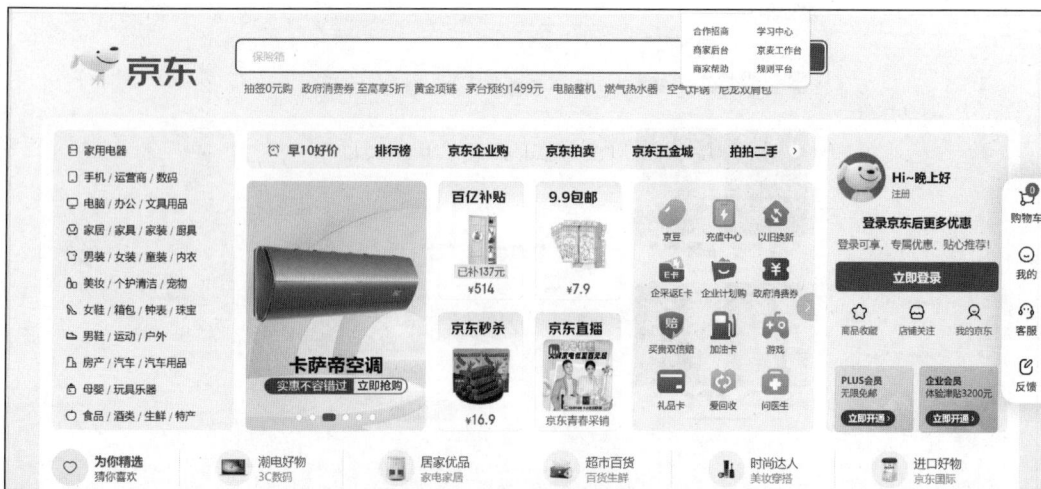

图 2-11　电脑端京东页面

步骤 2：进入"京东招商"页面，单击"0 元入驻京东"，如图 2-12 所示。

图 2-12　电脑端京东招商页面

步骤 3：登录或注册第三方（POP）卖方账号，输入完成后单击"0 元入驻京东"，如图 2-13 所示。

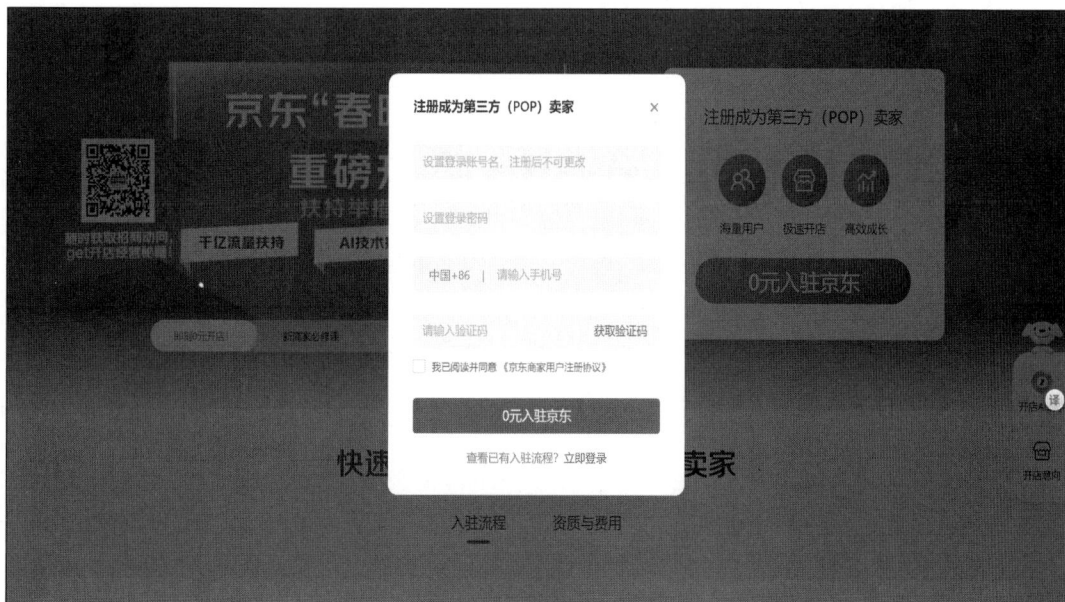

图 2-13　电脑端京东登录页

步骤 4：进入商家页面，根据实际情况选择开店类型，如图 2-14 所示。

步骤 5：下面以"个人店"和"个体店"为例，介绍后面操作步骤。

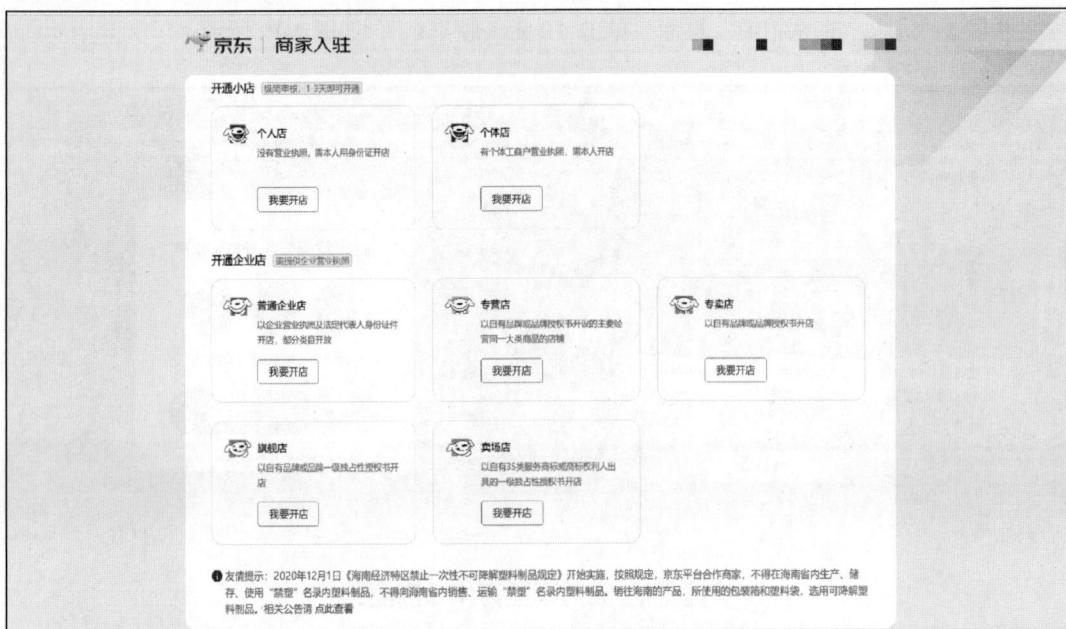

图 2-14　电脑端京东登录页面

1．个人店

（1）单击"个人店"中的"我要开店"，填写店铺信息，填写完成后单击"提交信息，去刷脸"，如图 2-15 所示。

图 2-15　"个人店"商家入驻页面

（2）进入"刷脸认证"页面，完成相应步骤后即可开店成功，如图 2-16 所示。

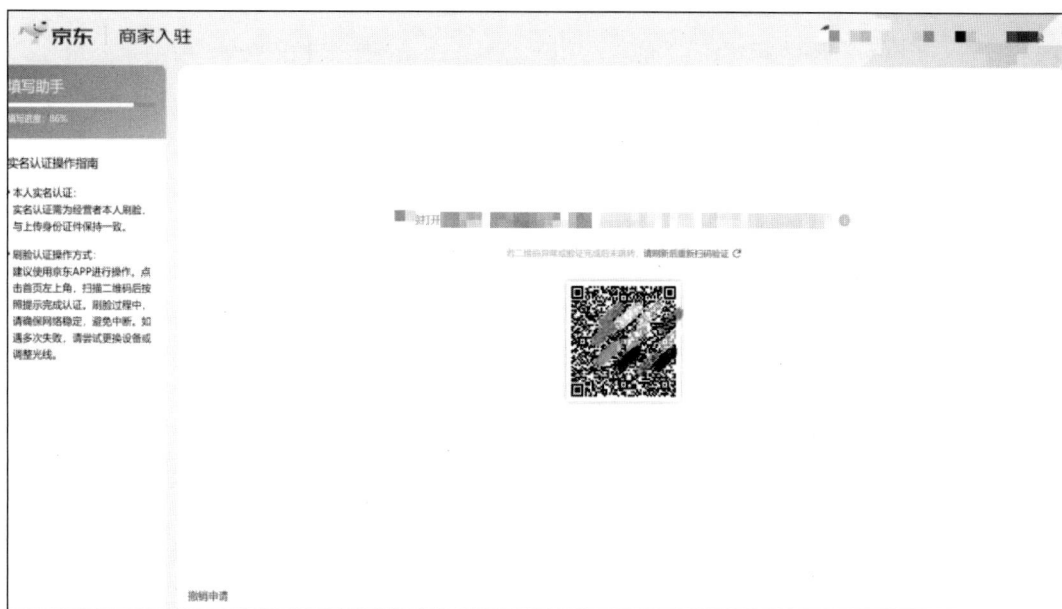

图 2-16 "个人店"刷脸认证页面

2. 个体店

（1）单击"个体店"中的"我要开店"，填写店铺信息，如图 2-17 所示。

图 2-17 "个体店"商家入驻页面

（2）进入"营业执照信息"页面，上传相关信息后，单击"下一步"，如图 2-18 所示。

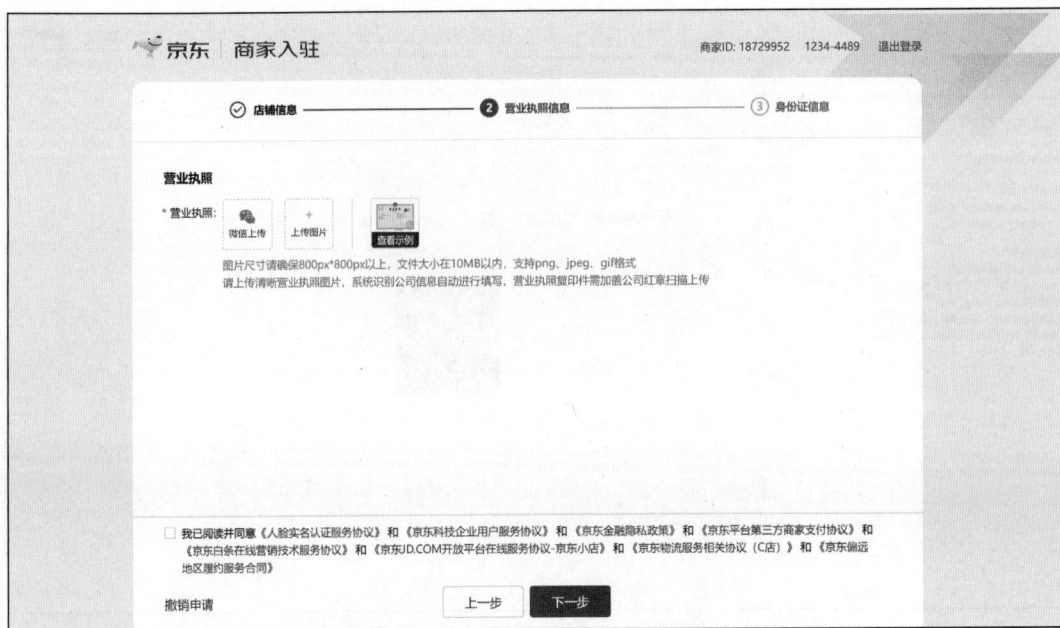

图 2-18 "个体店"营业执照信息页面

（3）进入"身份证信息"页面，上传相关信息后，单击"提交"，即可开店成功。

同步训练

1. 请按照要求开设淘宝店铺。
2. 请在已开设的淘宝店铺中上架一款产品，并将店铺信息填至表 2-2 中。
3. 如果已经办理好营业执照，请开设一家京东店铺，并在店铺中上架一款产品，将店铺信息填至表 2-2 中。

表 2-2 店铺信息

平台	店铺名称	店铺网址

2.3 电商平台营销流程

本节将以淘宝店铺为背景，从活动策划、产品运营、店铺推广、营销活动复盘等方面向读者逐一介绍电商平台营销实战技巧。

2.3.1 电商平台活动策划

通过对淘宝店铺的观察，我们会发现淘宝店铺的活动几乎是接连不断的。但卖家无论是主动参与活动还是受淘宝官方邀请参与活动，都需要进行精心准备和策划。卖家应在活动中尽可能地提高自身店铺的知名度，从而引入更多流量。

电商平台活动策划流程如图 2-19 所示。

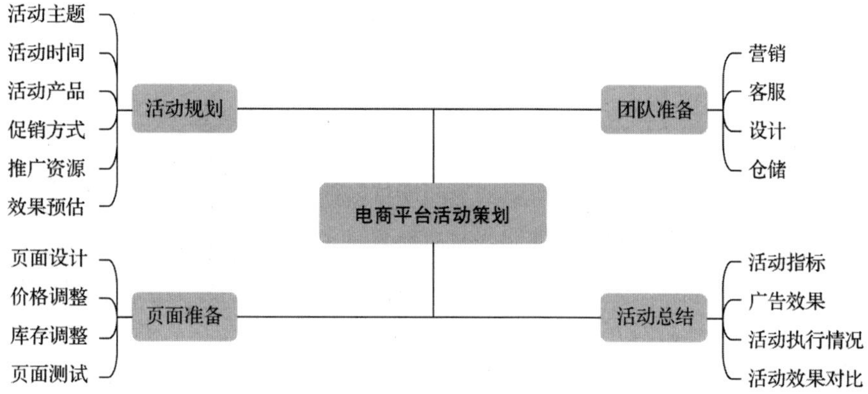

图 2-19　电商平台活动策划流程

1. 活动规划

（1）活动主题。

任何一场活动都需要一个活动主题，而一个好的活动主题能够迅速吸引消费者眼球，达到较佳的宣传效果。好的活动主题犹如一场活动的灵魂，可以贯穿活动始终。

活动主题一般要求简洁明了，突出活动特点和目的，最好控制在五个字以内，同时还应避免冗杂与单调，如天猫"双 11""遇见·秋"等。

（2）活动时间。

卖家如果自主发起某项活动，一定要重视对活动时间的选择，如果官方在这个时间也有活动，卖家最好使当前选择的活动时间与官方的活动时间相同，以产生"借力"的效果。

活动时间一旦确定并公布，不可以随意更改，应保证团队人员有充足时间做好相关准备工作，并使活动更好地进行宣传。

（3）活动产品。

卖家确定参加活动的产品时一般需要确定其价格、库存等信息，并对参加活动的产品进行分类，以便消费者根据类型选择自身所需的产品。卖家还可以将同类型的产品进一步分为引流款、基础款、形象款等，给消费者提供更丰富的选择。

（4）促销方式。

卖家要确定活动的促销方式，如满减、满送、包邮、抽奖等。促销方式可以结合节日、季节要素或者产品特点进行选择。促销方式求精不求多，否则会让消费者产生眼花缭乱的感觉，给消费者带来不好的购物体验。

卖家在结合产品特色选择促销方式的基础上，更重要的是要从消费者的角度考虑，制定切实可行的促销方案，让消费者能够积极参与。

（5）推广资源。

卖家要确定活动期间所需要的推广资源，如短信、电子邮件、阿里旺旺等可以与消费者沟通的媒介。卖家同时也需要根据活动方案确定广告投放形式、位置、数量、预算、时间等，进行有计划、有针对性的投放。

（6）效果预估。

每场活动开始前，卖家都需要对本次活动的独立访客（Unique Visitor，UV）数、转化率、销量等进行预估。

2. 页面准备

（1）页面设计。

确定好活动主题后，卖家就需要对店铺页面进行设计、调整。页面需要符合活动的相关要求。好的活动页面可以提升消费者的体验，从而提高转化率。

产品页面要做好产品描述的工作。详细、美观的产品页面可以提高消费者对店铺和产品的信任度，在吸引消费者注意力的同时也可以起到促进产品成交的作用。

（2）价格调整。

在活动开始前，卖家应对参加活动的产品价格进行统一调整，同时需要安排专人进行检查，以免出现活动产品首页图片上的价格与详情页、活动方案中的价格不一致等问题，避免因前后信息不统一导致消费者投诉。

（3）库存调整。

为了保障活动的顺利开展，卖家必须有计划地进行库存调整，避免消费者拍下产品后仓库无货，引起消费者投诉。

（4）页面测试。

活动页面做好后，卖家需要对活动页面的产品链接进行测试。卖家要对产品的价格、包邮情况、规格、数量等信息进行仔细检查，确保没有差错；对活动页面的各板块进行检查，如有不协调之处，需及时更换。

3. 团队准备

（1）营销。

营销部门需制定详细可行的活动规划和活动目标，指定活动负责人和任务完成时间节点。活动负责人需对活动目标进行细分，并确保所有人员了解目标。活动负责人需要随时待命，在活动前与活动中一旦发现问题，需及时解决。

（2）客服。

根据活动前的流量预估，卖家可以适当增加客服人员，以便在活动期间合理安排工作时间，确保活动期间客服在线人数充足。卖家在客服人员上岗前需要对其进行活动规则培训，确保每一名客服人员都熟知活动细则与要求，以便及时有效地解答消费者的疑问。

（3）设计。

设计人员根据活动主题，创建符合活动要求的相关页面，做好视觉设计与维护工作。同时在活动中，设计人员也可以根据不同时间节点对页面进行升级，从而提高活动质量。

（4）仓储。

根据活动前的预估，仓储人员可以提前准备好活动产品，并对热门产品进行"预打包"，或者将活动产品统一放置在容易打包的区域，节约拣货时间，提升发货速度，进而提升消费者对店铺及产品的好感，提高消费者对品牌的认可度。

4. 活动总结

活动总结是电商平台活动策划流程中非常重要的一环，可以帮助卖家总结活动中的经验与不足，找出团队的优势与劣势，以便卖家进行有针对性的改进。

活动总结需在整个活动结束后尽快完成，以避免由于时间过长某些细节问题被遗忘或总结不深刻。活动总结主要包括以下几个方面。

（1）活动指标。

① 流量指标：UV 数，即访问网站的人数；页面浏览量（Page View，PV），即一个网站所有页面被浏览的次数之和。

② 销售指标：销售额、客单价、销量排行数据。

③ 转化指标：转化率、访问深度、停留时间、收藏量、静默转化率、询单转化率、全店转化率等。

④ 服务指标：卖家服务评级的变动、客服响应速度、投诉量。

每场活动结束后，卖家都需要对以上数据进行汇总、分析，根据数据反映的一些问题进行相应的调整。

（2）广告效果。

卖家应根据在活动前准备的广告资源，跟踪广告投放效果，总结广告投放技巧并指出不足之处，为下次的广告投放做好准备。

（3）活动执行情况。

卖家应根据活动方案，查看每个环节的执行情况及实际效果，进行综合评估，对团队成员进行简单考核。卖家还要对活动前、活动中、活动后遇到的问题进行记录、分析、总结，吸取经验和教训。

（4）活动效果对比。

卖家将活动后的效果与活动前的预估效果进行对比，找出产生差异的原因，可以为下次活动预估提供更加准确的思路和方法。

2.3.2 电商平台产品运营

1. 如何选品

在店铺运营的前期，卖家一般会选择食品、化妆品等进行销售，因为卖家普遍认为这类产品的市场需求量大，可以帮助店铺提升销量，尽快打开市场。然而在现实中，这种想法是错误的，市场的流量是一个相对固定的数值，相应市场几乎被大品牌垄断。新店铺无论是在产品策划方面还是在运营方面都不成熟，很多新店铺在没有做好市场调研的情况下就盲目选品，最后只能铩羽而归。

新店铺在选品时一定要做好蓝海市场调研和细分产品的工作。蓝海市场就是有客户需求但竞争不大的市场，或者是尚未被开拓的市场。细分产品就是在大类目下满足更细致的客户需求的产品。卖家对产品的定位越细致，获取流量就会越容易，尤其是在热门行业。

好的产品本身自带一定的流量，所以卖家很有必要在选品这一环节花费足够的时间和精力。

2．如何上架产品

步骤 1：打开浏览器进入淘宝页面，单击页面右上角"千牛卖家中心"，如图 2-20 所示。

图 2-20　电脑端淘宝登录页面

步骤 2：进入"千牛卖家中心"后，登录账号，如图 2-21 所示。

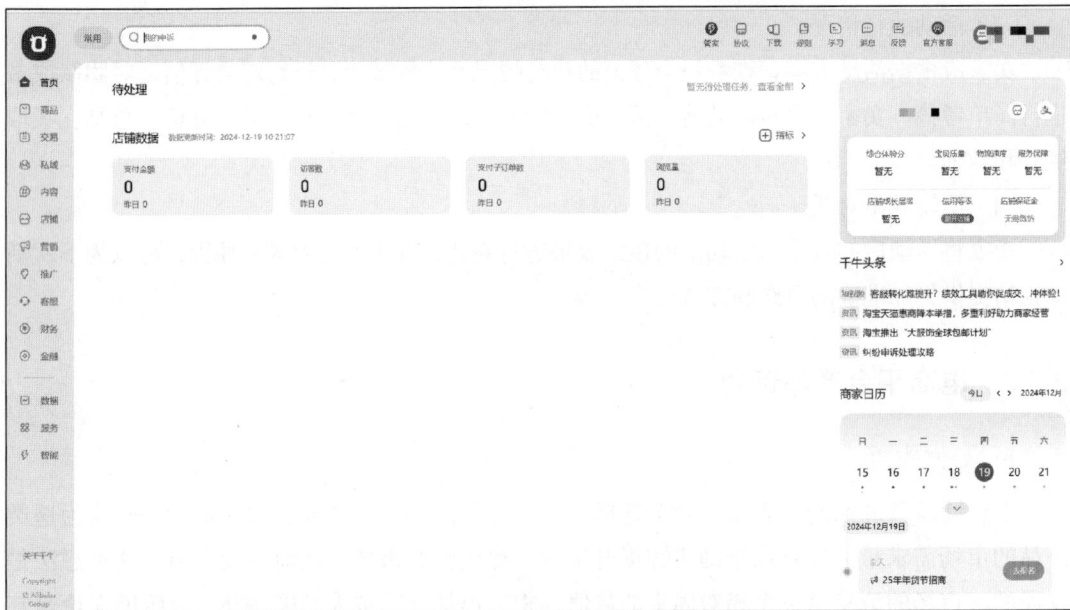

图 2-21　"千牛卖家中心"登录后页面

步骤3：单击"商品"中的"商品管理"，再单击"发布商品"，如图2-22所示。

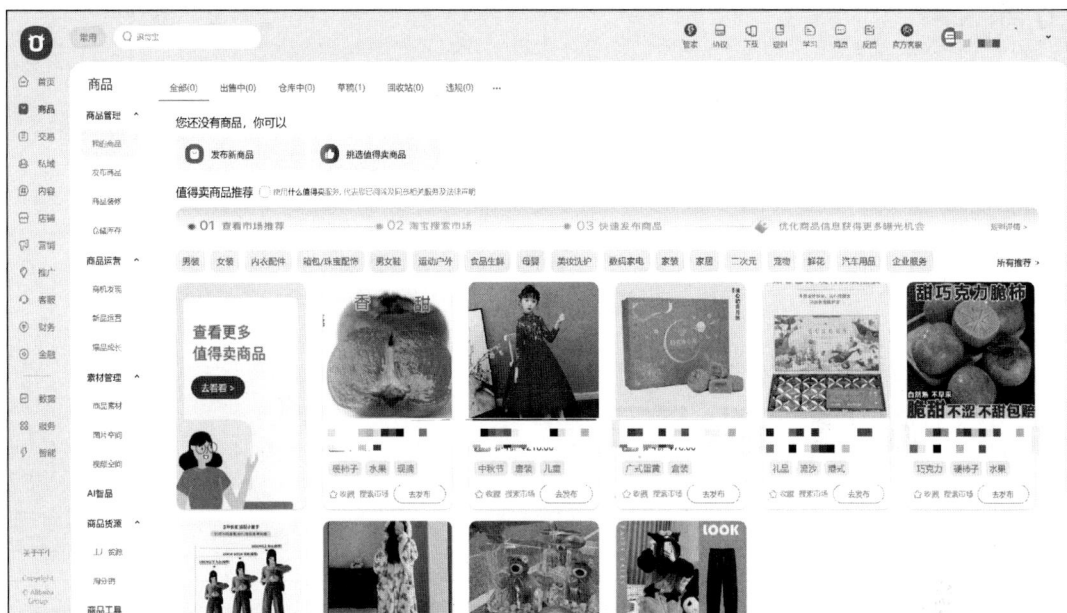

图2-22 "商品"页面

步骤4：选择发布的商品，有两个方式选择发布商品，一是通过"搜索发品"，二是通过"以图发品"。选品完成后单击"确定，下一步"，如图2-23、图2-24所示。

图2-23 "搜索发品"页面

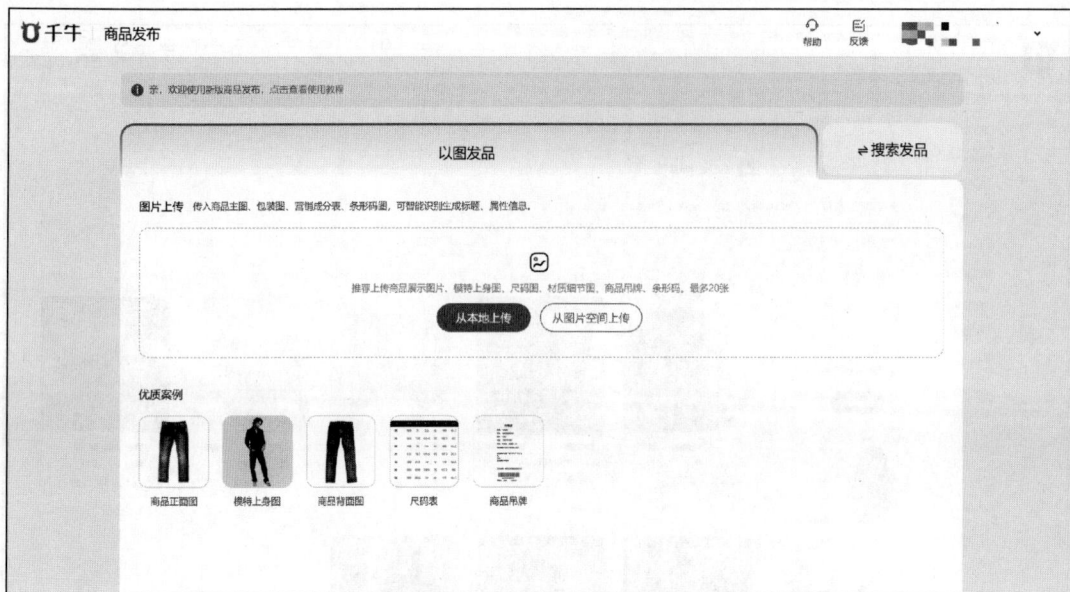

图 2-24 "以图发品"页面

步骤 5：填写产品"基本信息"，如图 2-25 所示。

图 2-25 "基础信息"填写页面

步骤 6：填写产品"销售信息""物流信息""图文描述"。注意：有"*"标记的为必填选项，没有"*"标记为选填选项，填写完毕后单击"提交宝贝信息"，完成产品发布，如图 2-26所示。

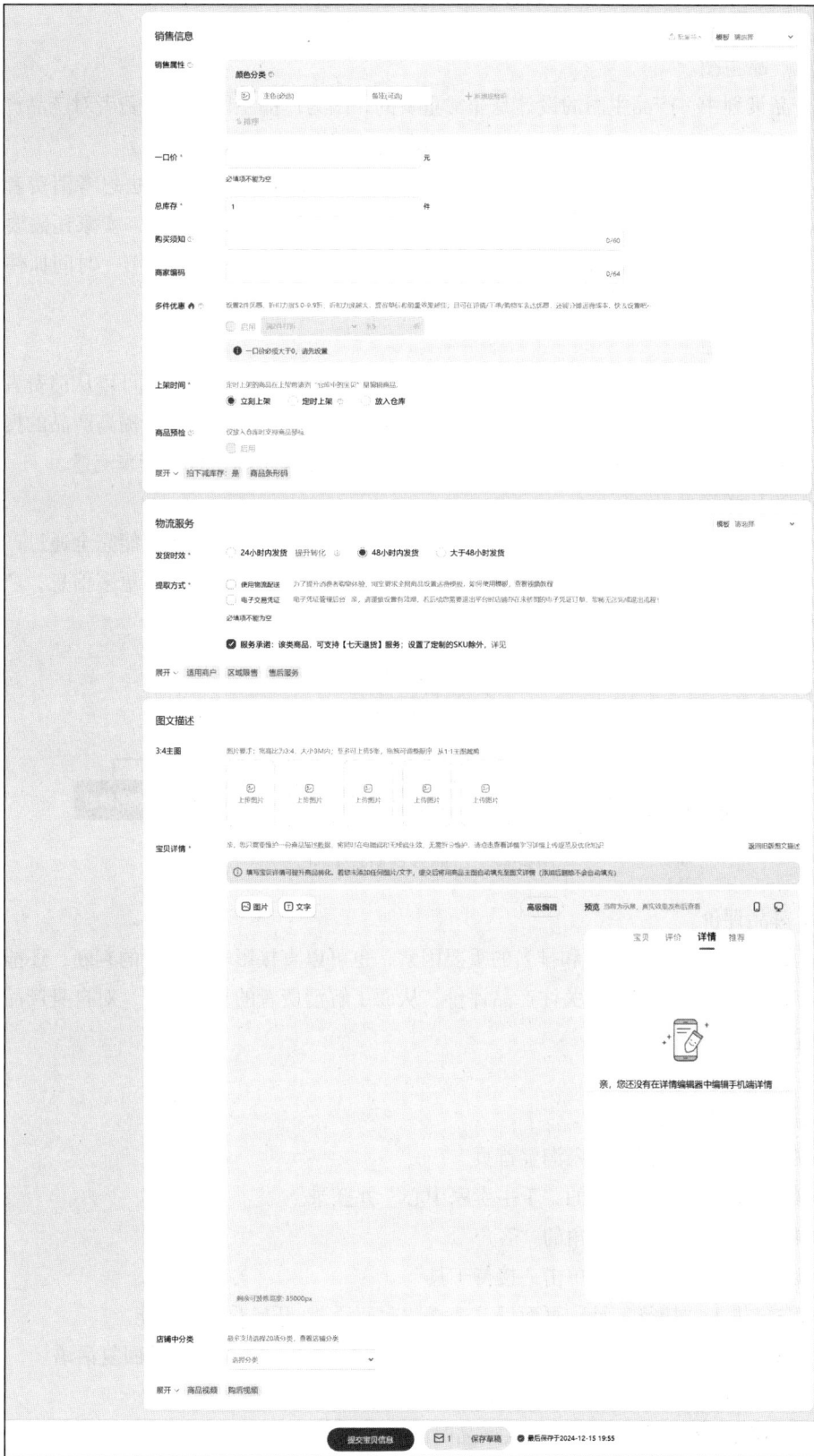

图 2-26 信息填写页面

3. 产品策划

（1）产品主图。

在产品策划中，产品主图的设计是非常重要的，因为产品主图会让消费者对产品产生第一印象，必须在被消费者看到的第一秒向消费者传递有效信息。

有效信息是什么？卖家需要根据产品的市场定位、竞争对手的卖点去思考消费者购买产品的理由是什么，如此获得的信息就是有效信息。在确定有效信息之后，卖家还需要在产品主图的创新、文案的创新和背景色的创新上下功夫，使产品主图可以在第一时间抓住消费者的眼球。

（2）产品标题。

消费者在购物时大多是通过网站中的搜索栏来寻找产品的，那么卖家可以从消费者的角度出发，结合产品的特点撰写产品标题。一个描述详细、准确的标题，对于提高产品的搜索量是有一定帮助的。好的产品标题通常是指标题里的关键词足够精确，且能带来流量。

（3）产品详情页。

与产品主图同样重要的就是产品详情页。任何产品的所有卖点都不可能完全通过产品主图展现给消费者。消费者在被产品主图吸引后，很可能进入产品详情页查看更多信息，产品详情页的具体内容如图 2-27 所示。

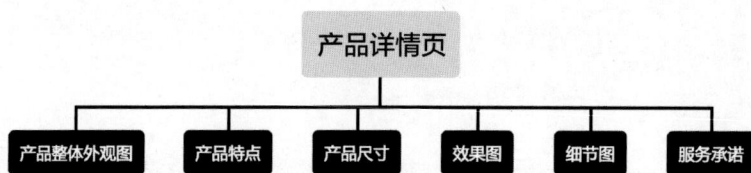

图 2-27　产品详情页的具体内容

（4）产品评价。

产品评价是影响店铺评分和排名的重要因素，也可以直接影响消费者的判断，还能反映店铺目前存在的问题。卖家需要关注产品评价，从而了解消费者的真实需求，对自身产品或服务进行改进。

（5）自动回复设置。

自动回复的设置步骤如下。

步骤 1： 打开浏览器，进入淘宝首页。

步骤 2： 单击页面右上角的"千牛卖家中心"并登录。

步骤 3： 登录后单击左下角的"客户"。

步骤 4： 进入相应页面后单击"接待工具"。

步骤 5： 进入"接待工具"页面后，选择"欢迎语"，开启欢迎语功能。

步骤 6： 分别设置"售前通用""售后通用""无人接待时"中的自动回复话语。

"售前通用"用于设置消费者第一次进店时的自动回复内容。

"售后通用"用于设置消费者购买产品时的自动回复内容。

"无人接待时"用于设置卖家休息时的自动回复内容。

步骤 7：这里以设置"售前通用"中的自动回复话语为例，选择"售前通用"，单击通用模板。

步骤 8：设置对话内容，以及关联问题。

设置完成后，消费者进店后会看一些关联问题，按照自身需要选择相应问题，即可获得系统的自动回复。

售前、售后常见自动回复话语分别如表 2-3、表 2-4 所示。

表 2-3 售前常见自动回复话语

消费者咨询内容	自动回复话语
开场 （在吗）	您好，非常高兴为您服务，请问有什么可以为您效劳的
	在的呢，有什么可以帮到您呢
是否有货	您看中的这款宝贝是有现货的呢，您可以直接拍哦
	非常抱歉，这款没有现货了。您可以看一下另外两款，质量都是非常好的，跟您选择的宝贝的款式和价格都差不多呢
发货时间	您拍下的都会在 24 小时内安排发货
发什么快递	我们默认发××快递，若您无法查收，我们也可以为您安排发 EMS，EMS 是全国通达的呢
货品多久送达	发××快递，一般 3 天左右到，小二这边随时可以帮助您查询物流信息
可以便宜一点吗	非常抱歉，这款宝贝已经是最低价格了，我们没有办法再优惠了
质量如何	我们的产品都是经过严格检验的，请您放心，质量没问题哈
可以包邮吗	可以全场包邮的
有什么赠品	这款宝贝现在拍一发三，我们还会为您赠送……
	非常抱歉，这款宝贝已经是最低价格了，确实没有办法提供赠品
结束语	亲，非常感谢您的惠顾，我们会在第一时间为您安排发货。后期如果有任何问题，您可以联系我们为您处理，祝您购物愉快

表 2-4 售后常见自动回复话语

消费者咨询内容	自动回复话语
消费者抱怨或者不满时 （我要投诉）	您好，有什么令您不满意吗？您可以把您遇到的问题叙述一下吗？我们一定会在第一时间帮您解决
物流问题 （为什么还不发货）	非常抱歉，最近快递公司比较繁忙，发货速度会比较慢。您先不要着急，我们联系一下快递公司并询问一下具体情况，然后根据具体情况进行解决
产品质量问题 （产品有问题，怎么解决）	请您放心，如果是产品质量问题，我们一定会为您处理好。请您配合一下，拍一张显示质量有问题的照片给我们，感谢您的支持

2.3.3 营销活动复盘

卖家在日常运营中，需要经常性地进行复盘，这可帮助卖家调整运营思路和方法，以达到更好的赢利效果。

1. 复盘的目的

首先来看看复盘的目的是什么。

（1）发现问题。帮助卖家记录活动的数据，以便卖家在今后开展类似的活动时可进行数据上的对比。

（2）分析问题。帮助卖家及时发现问题，从而找到问题的根源，最终解决问题。

（3）解决问题并优化。以直观的数据告诉卖家哪里做得好、为什么做得好，以便卖家优化活动方案，制定高效、针对性的提升方案。

2. 如何进行复盘

卖家可以分五个板块进行复盘，可以提高店铺经营的精准程度。

（1）店铺板块。

店铺板块中，数据通常会被拆分为几个单元。

首先来看销售额单元。销售额是销售额单元中最重要的指标，其计算公式如下：

$$销售额=流量×转化率×客单价$$

计算出销售额后，可以从以下几方面进行分析。

① 对比去年同期，或者对比去年同一个活动，了解相关数据变化。

② 环比日常数据，了解活动期间的销售额与日常的销售额相比增长幅度是多少。

③ 与活动目标相比较，了解活动目标达成比例是多少。

④ 截至目前，年度、季度计划的完成情况如何？与去年同期比较，是否有增长？增长比例是多少？

⑤ 分析整个行业和竞品的销售额变化情况，自身的数据发展趋势是否与整个行业的数据发展趋势相对应，自身数据是否超出行业平均值。

⑥ 如果计算出的销售额包含活动预售金额，那么卖家在复盘和总结的时候需要将活动预售金额拆分出来，计算预售金额占活动开展期间整体销售额的比例。通常在理想状态下，活动预售金额会占整体销售额的50%~70%。

通过上述分析，卖家就可以客观评价活动的开展效果。

店铺板块的第二个单元为流量单元，分析内容如下。

① 计算整体的流量，再分别计算PC端和移动端的流量。

② 分别计算PC端和移动端的UV数，并计算不同入口的引导成交额、成交量，以及转化率和UV价值是否匹配。

③ 如果店铺是通过付费渠道获客的，则要计算付费通道的流量、UV价值、成交额、ROI，并判断ROI是否合理。

在看这些数据的时候，不但要看各个数据的绝对值，还要看对比值。

店铺板块的第三个单元是转化率单元，分析内容如下。

① 计算PC端和移动端各自的总体转化率。

② 计算从客服回答客户咨询到客户成交的转化率及店铺的静默下单率。

卖家在转化率单元可以看出客服的工作效果，以及各个入口成交的比例、点击情况、转化情况。

店铺板块的第四个单元是客单价单元。

客单价一般与产品的组合情况、活动的促销设计、价格区间的设计及产品效率等有关。所以在复盘和总结时，我们要了解日常客单价与活动客单价的对比情况；要注意PC端和移动端的客单价需要分开统计，常规情况下 PC 端的客单价要高于移动端的客单价，移动端的转化率要高于 PC 端的转化率。

店铺板块的第五个单元是评价单元。

我们要关注店铺在活动后收到的动态评价。通常情况下，店铺的动态评价在一场大型活动后会先有变差的趋势，这就需要我们预先做好与客户的沟通，降低客户给差评的概率。在条件允许的情况下，我们可以安排客服人员在客户收到产品后，立刻致电客户进行维护，减少潜在的差评风险。

（2）产品板块。

大多数店铺在电商平台主要做零售业务。我们会发现，性价比高的产品的周转率往往很高，这些产品很快就被卖出去了。但活动结束后我们还会发现，有不少产品会因为各种原因积压。这时，我们需要确定剩下的产品怎么处理：是直接进行日常销售，还是再开展一场活动来促销？总之，策划的目的应是让产品在不亏本的情况下都卖出去。

活动结束后，我们要在第一时间对产品各方面的情况进行统计，如活动后与活动前库存的变化情况、不同产品的销量是多少、主要销售的产品是什么。

我们应掌握产品的成本和利润，分析活动期间产品的利润是否达到预期目标。这时就要计算收益率，其公式如下：

$$收益率 = 利润率 \times 周转率$$

在复盘和总结时，我们要明确产品的销售情况，以及各关联产品的销售情况，根据这些数据进行进一步的总结，找到行业热销产品所具备的特点。这些数据也可以在后续进行产品开发或者产品选择时为我们提供参考。

（3）客户板块。

在客户板块中，我们可以通过电商平台的后台系统获取两部分的数据。第一部分是根据店铺的成交情况筛选的数据，如客户性别、年龄、地区、人均消费金额和数量等客户属性数据。第二部分是根据订单筛选的数据，如本次活动期间，新老客户所消费金额的比例、购买偏好、来源渠道及人均获客成本等。

通过这些数据，我们就可以分析客户购买产品的偏好是否跟地域等有关，以及这些客户从哪些渠道被引流到店，买了哪些产品，买了多少，花了多少钱，从而进一步构建客户画像。在客户板块，我们的主要任务就是对客户进行分层、分标签的细致管理。

（4）店铺推广板块。

在活动期间，我们可以通过站外投放来增加店铺的曝光量，增加新客户进店成交的机会。活动结束后，我们需要对活动期间的投放情况进行分析，如哪些渠道可以引导成交、哪些渠道值得投入费用、以怎样的形式进行投放、投放什么样的素材点击率更高等。

（5）问题及改进板块。

进行复盘和总结的目的是找到目前经营中存在的问题，以及解决这些问题的办法。在店铺经营中，以下问题是比较常见的。

① 关于团队配合的问题，如排班、值班的问题，店铺内部架构不完善的问题，部分岗位的职责不明确的问题，等等。

② 关于操作失误的问题，如对平台规则和操作不熟悉的问题等。

③ 关于产品的问题，如产品的竞争力不强、款式更新速度缓慢、性价比不高等。产品问题是影响店铺经营的一个大问题。

通过对以上内容的学习，我们应该对如何复盘和总结有了比较清晰的概念，这是店铺经营过程中非常重要的一个环节，只有做好了复盘和总结，店铺经营才能更上一层楼。

> !!! 温馨提示
>
> 电子商务经营者不得以虚构交易、编造用户评价等方式进行虚假或者引人误解的商业宣传，欺骗、误导消费者；不得捏造散布虚假事实损害竞争对手的商业信誉；不得制定不公平格式条款或霸王条款；不得制作销售侵犯专利、商标专用权的产品和制售假冒伪劣产品。

同步训练

1. 请就自己的电商平台店铺，完成一次活动策划。

_____

_____

_____

_____

_____

2. 请对店铺产品进行推广，并设置自动回复。小组成员之间相互扮演消费者进行咨询，并提出建议，将相关内容记录至表 2-5 中。

表 2-5　产品推广及自动回复记录

店铺名称	推广产品	咨询内容	自动回复	建议

课后案例拓展

2022 年京东"6·18"活动策划方案

1. 活动背景

1998 年 6 月 18 日，刘强东在中关村创业，创办京东。因此，每年 6 月是京东的店庆月，每年 6 月 18 日是京东的店庆日。在店庆月，京东会推出一系列大型促销活动，其中，6 月 18

日是京东促销力度最大的一天。

2. 营销方案

（1）活动时间。

2022年京东"6·18"活动整体分为5个时期，详细时间如下。

第一个时期：预售期，5月23日20:00:00—5月31日19:59:59。

第二个时期：开门红，5月31日20:00:00—6月3日23:59:59。

第三个时期：品类冲锋，6月4日00:00:00—6月15日19:59:59。

第四个时期：高潮期，6月15日20:00:00—6月18日23:59:59。

第五个时期：持续热卖，6月19日00:00:00—6月20日23:59:59。

（2）玩法介绍。

玩法1：预售。

预售是2022年京东"6·18"活动的重要玩法之一，包括定金膨胀或预售付定金立减等优惠活动。

玩法2：跨店满减。

每满299元减50元（优惠上限为40 000元）。

有效时间如下。

第一阶段：5月31日 20:00:00—6月14日23:59:59。

第二阶段：6月15日 00:00:00—6月20日23:59:59。

此次京东"6·18"活动将"头号京贴"升级为"跨店满减"。跨店满减作为全新的促销活动玩法，可与其他促销权益（优惠券、总价促销、红包、京豆等）叠加使用。

玩法3：京享红包。

消费者每日可抽"3+N"次京享红包，每天最高可领19 618元大额红包。

红包发放时间如下。

第一阶段：5月30日12:00:00—6月8日23:59:59。

第二阶段：6月9日00:00:00—6月18日23:59:59。

红包使用时间如下。

第一阶段：5月30日—6月8日。

第二阶段：6月9日—6月20日。

红包加码日：5月30日（12:00:00首抽加码）、5月31日、6月15日、6月17日、6月18日。

中奖率提升日：6月9日、6月17日。

玩法4：红包雨。

活动期间，准点开启红包雨。

活动时间：5月31日—6月18日。

玩法5：惊喜券。

惊喜券定时限量"加磅"。

"加磅"时间：5月31日—6月3日、6月15日—6月18日。

3. 营销成果

2022 年京东"6·18"活动期间累计下单金额超 3 793 亿元，同比增长 10.3%。

京东超市全渠道业务超 2.7 万个合作品牌、超 3 万家合作门店成交额同比增长 5 倍，超 15 万家全品类门店上线。

京东小时购、京东到家双渠道销售额同比增长 77%，6 月 18 日单日交易额突破 6 亿元。联合利华在京东小时购渠道的销售额同比增长超 500%。

6 月 17 日 20:00:00，Apple 产品成交额 1 秒破亿元，小米手机销量同比增长超 5 倍，荣耀手机销量 1 分钟破 10 万台。

6 月 17 日 20:00:00—24:00:00，美妆全品类成交额同比增长超 3 倍，其中高端美妆成交额同比增长超 8 倍。

学有所思

请分析京东"6·18"活动的亮点有什么。活动期间累计下单金额同比增长超 10% 的原因有哪些？

AIGC 项目实训

使用 AIGC 工具辅助制定营销活动方案

"双十一"作为一年之中备受瞩目的电商购物盛宴，可以为商家带来促销良机。忆达小店是一家深耕美妆领域的店铺，凭借其丰富的产品线精准定位国内低中端市场，致力于为 18 至 35 岁间追求一定品质、紧跟时尚潮流的年轻女性群体提供服务。为了进一步增加销量、扩大品牌影响力，忆达小店需为即将到来的"双十一"购物节策划设计线上营销活动方案。

1. 实训要求

（1）生成方案：使用 DeepSeek 生成线上营销活动方案，该方案应作为忆达小店"双十一"营销活动的基础或参考。

（2）细化指令：在设计指令时，应充分考虑项目背景中的产品定位、目标用户等核心信息，形成具体、明确的指令，以便 DeepSeek 生成高质量的营销活动方案。

2. 实训操作

（1）明确目的：利用 DeepSeek 为忆达小店生成具有参考价值的营销活动方案。

（2）确定目标：提升忆达小店在"双十一"期间的销售额，同时强化其"品质卓越、时尚潮流、服务优质"的品牌形象，营销活动方案的制定需紧密围绕这一目标展开。

（3）设计指令：形成具体指令，例如，忆达小店是一家深耕美妆领域的店铺，产品线丰富，涵盖护肤品、彩妆及美妆工具等，精准定位国内低中端市场，主要服务于18至35岁间追求高品质、紧跟时尚潮流的年轻女性。为了进一步提升销量并扩大品牌影响力，忆达小店正为即将到来的"双十一"购物节策划设计线上营销活动方案。活动平台在忆达小店线上商城、社交媒体平台（微信、微博、抖音等）。根据这些信息，为忆达小店生成线上营销活动方案。

（4）发送指令：打开 DeepSeek 页面，在底部的文本框中输入要求，并按"Enter"键发送，查看给出的营销策略，如图 2-28 所示。

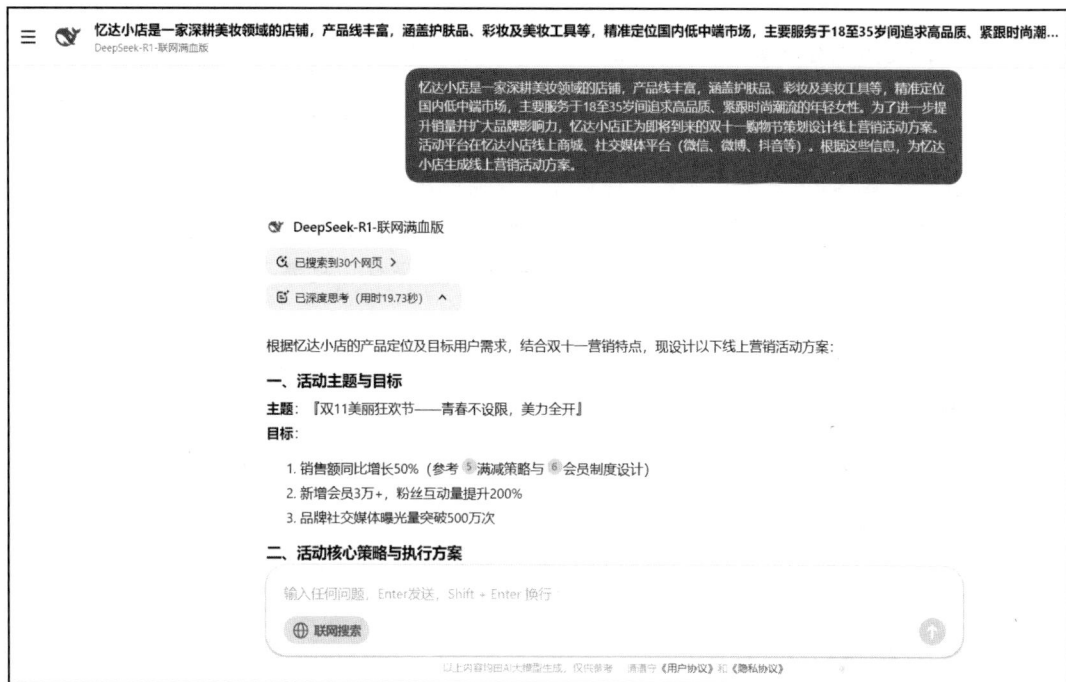

图 2-28　DeepSeek 辅助生成营销活动文案

项目3　视频平台营销

　　近年来，视频平台发展迅速，并在很大程度上影响着人们的观赏习惯、审美取向和生活习惯。其中，长视频平台依然是主流的内容聚合与分发者；诞生于2011年的短视频进入了高速发展时期，成为当下较受关注的在线视频新业态；中视频则形成了兼具短视频的"专业生产内容+用户生产内容"特点与长视频的深度内容特点的独特视频社区。面对种类繁多的视频平台及其如火如荼的发展趋势，我们有必要全方位地了解视频平台的"前世今生"。本项目主要包含三部分内容，即认识视频平台、视频平台基础操作和视频平台营销实战。

学习目标

　　价值塑造：遵守《广告法》《消费者权益保护法》；遵守网络平台规则和文明公约。

　　知识掌握：描述视频平台的概念，包括视频平台的特点、分类等。

　　能力提升：操作并使用视频平台；开展视频平台营销。

课前线上学习

在线资源学习

请同学们在课前自主学习在线课程，扫描右侧二维码即可开始学习。

自主学习测试

一、单选题

1. 视频平台的特点不包括（　　　）。

 A. 视频内容的精品化   B. 视频时长的差异化

 C. 平台内容消费需求的多元化 D. 内容的同质化

2. 下列不属于网络电视类视频平台的是（　　　）。

 A. 优酷   B. 斗鱼   C. 爱奇艺   D. 腾讯视频

3. 下列不属于短视频媒体特点的是（　　　　）。

A. 速度更快　　　　B. 耗费流量更多　　　　C. 广告更多　　　　D. 操作快捷

4. 视频平台营销是将"视频"与"互联网"相结合的创新营销形式，以下哪项不属于视频平台营销的特点？（　　　　）

A. 感染力强　　　　B. 被动传播　　　　C. 成本较低　　　　D. 形式多样

二、多选题

1. 视频平台是指在完善的技术支持下，让互联网用户在线（　　　　）视频作品的网络媒体。

A. 发布　　　　B. 浏览　　　　C. 分享　　　　D. 发布广告

2. 视频网站的运营成本主要包括在（　　　　）等方面的支出。

A. 版权　　　　B. 带宽　　　　C. 运营　　　　D. 服务器

3. 视频平台营销的发展趋势有（　　　　）。

A. 品牌视频化　　B. 宣传同质化　　C. 视频网络化　　D. 广告内容化

4. 视频平台营销的优势包括（　　　　）。

A. 内容价值高　　　　　　　　　B. 观赏性强

C. 快速获取精准的流量　　　　　D. 转化率大大提高

课中任务展开

3.1　认识视频平台

3.1.1　视频平台简介

视频平台是指在完善的技术支持下，让互联网用户在线流畅发布、浏览和分享视频作品的网络媒体。

1. 视频平台的发展背景

网络视频行业虽然诞生的时间不是很长，但发展非常迅速。除了专业的视频网站（如优酷、爱奇艺等），一些门户网站（如搜狐、新浪、网易等）也开始进入该领域。这一时期，数百个视频网站纷纷崛起，分别从自己的角度做起了网络视频业务。

2. 视频平台的盈利模式

随着视频行业的发展，视频网站的主要收入——广告流量收入增长缓慢，难以弥补庞大的运营成本。视频网站的运营成本主要是在版权、带宽、服务器、运营等方面的支出，其中版权和带宽方面的支出较大。

为了变现盈利，国内的视频网站从免费分享视频的模式变为在视频前后加上贴片广告的模式，甚至在视频被暂停时也加入广告。

3.1.2　视频平台的特点

1. 视频内容的精品化

各头部视频平台纷纷推出精品化策略，在类型融合、打造差异化风格和挖掘深度文化消费内容以满足多元文化圈层消费需求方面持续发力。传统网剧平台也围绕精品化策略，开始着力于生产分众化功能凸显的内容。

2. 视频时长的差异化

随着手机等移动设备的快速发展，人们可以更加方便地录制并上传视频，视频时长更加多元。不同时长视频的生产与推广成为近年来视频平台的主要发力方向。

3. 平台内容消费需求的多元化

随着新上线用户消费诉求的发展、文化圈层边界的突破，越来越多小成本的精品网剧不断"出圈"，而传统的"流量明星加持剧"在没有质量支撑的情况下往往收益惨淡。文化阅历更成熟、更多元的用户的进入必将以更高的消费诉求倒逼平台及其作品进一步发展。

3.1.3　视频平台的分类

1. 按视频投放渠道划分

按视频投放渠道划分，视频平台分为网络电视、视频直播、以用户原创内容为主的视频平台三大类。

2. 按发布的视频时长划分

按发布的视频时长划分，视频平台可分为长视频平台、短视频平台和中视频平台。其中，长视频一般指时长超过半个小时的视频，以影视剧和综艺节目为主；短视频一般指时长在1分钟以内的视频，内容更具休闲娱乐属性，用户规模较大；中视频即时长为1～30分钟的视频，一般以科普类视频、视频博客（Video Blog，Vlog）、学习类视频居多，在一定程度上兼具长视频和短视频的特点。

同步训练

1. 在观看视频时看到广告，你是选择无视、观看广告还是会为了跳过广告而付费？原因是什么？你怎么看待在视频中插入广告？

_____

_____

_____

_____

2. 你平时使用较多的视频平台有哪些？你选择它们的原因是什么？使用这些视频平台的

感受是否和你预想的一样？请将相关内容填至表 3-1 中。

表 3-1　视频平台选择

视频平台	选择原因	使用感受	意见建议

3.2　视频平台基础操作

下面以抖音和 B 站为例，对视频平台基础操作进行介绍。

3.2.1　抖音基础操作入门

1. 下载与安装

打开手机应用商店，搜索"抖音"，点击"下载"，下载后其一般会自动安装，抖音 App 下载与安装页面如图 3-1 所示。

图 3-1　抖音 App 下载与安装页面

2. 登录

安装完成后，打开抖音 App，首先呈现的就是视频浏览页面。如果手机连接了 Wi-Fi，就可以直接观看视频。点击屏幕右下角的"我"，首先弹出的是手机号登录页面，也可点击"其他方式登录"。抖音 App 注册与登录页面如图 3-2 所示。

图 3-2　抖音 App 注册与登录页面

　　登录之后，可设置头像、添加介绍等，这些内容的完善对于后期吸引粉丝、提高浏览量和关注度十分重要。抖音 App 登录成功页面如图 3-3 所示。

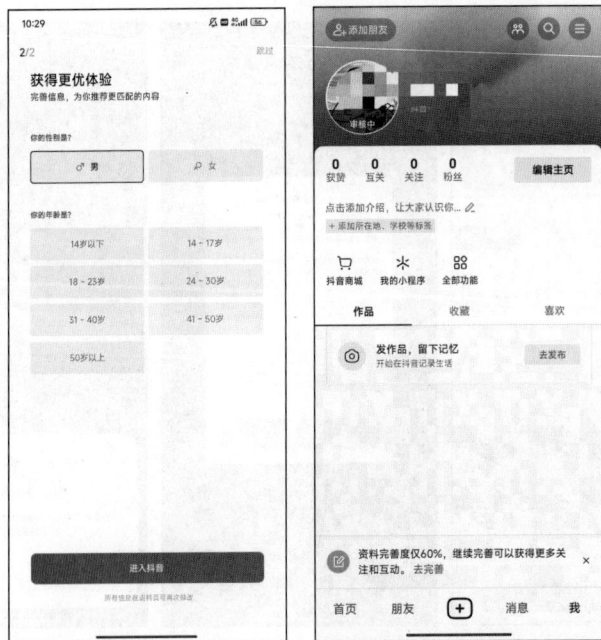

图 3-3　抖音 App 注册与登录及成功的页面

3．功能与页面介绍

下面就抖音 App 常用的功能与页面进行简要讲解。

（1）首页。

打开抖音 App，首页默认显示的是推荐页。往上滑动就可以看下一条视频。屏幕左下角依次显示的是这条视频的发布账号名称、标题等内容。

如果喜欢这条视频，想给它点赞，双击屏幕或者直接点击右侧的心形图标即可。对于点过赞的视频，心形图标会显示为红色。心形图标下方是评论图标，点击即可看到网友的评论。

评论图标下方的五角星图标展示收藏数，点击五角星图标可将视频收藏到个人主页的收藏中心。五角星图标下方的箭头图标为转发按钮。点击箭头图标即可将该视频分享到个人主页、QQ 空间、微信朋友圈或分享给私信好友、微信好友，具体可按照提示操作。

心形图标上方是发布这条视频的账号的头像。想要关注这个账号，点击头像上的"+"图标即可。

（2）搜索页。

点击页面右上角的放大镜图标可以进入搜索页。

在搜索页可以查看不同类别的抖音热榜，还可在上方搜索感兴趣的话题。

（3）关注页。

回到首页，点击上方的"关注"，跳转到关注页，这里会显示所有关注账号和好友的最新动态。

（4）消息页。

点击下方的"消息"，打开消息页。消息页会显示粉丝增加的数目，点赞、评论、转发等消息，好友发送的私信，以及系统推送的消息，如图 3-4 所示。

（5）"我"页面。

点击右下方的"我"，进入"我"页面。"我"页面是个人主页，也是个人抖音号的宣传展示页。

（6）拍摄页面。

首页下方的"+"图标用于拍摄视频，点击后开启相机和录音权限，便可进行视频的拍摄、剪辑和上传，如图 3-5 所示。

图 3-4　消息页

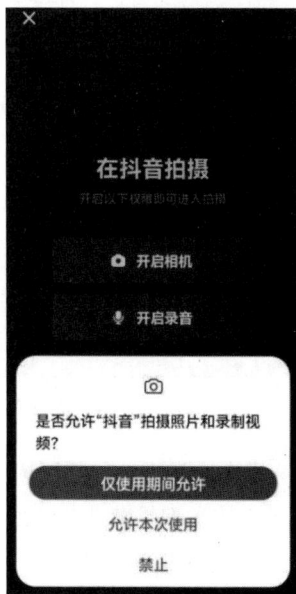

图 3-5　拍摄页面

在平台上传视频，应遵守平台电子服务协议、创作者公约等。

4. 注册抖音小店

步骤1：打开浏览器，搜索并进入抖店小店官网，如图3-6所示。

图3-6　抖音小店官网页首页

步骤2：单击"登录抖音"，进入登录页面，如图3-7所示。

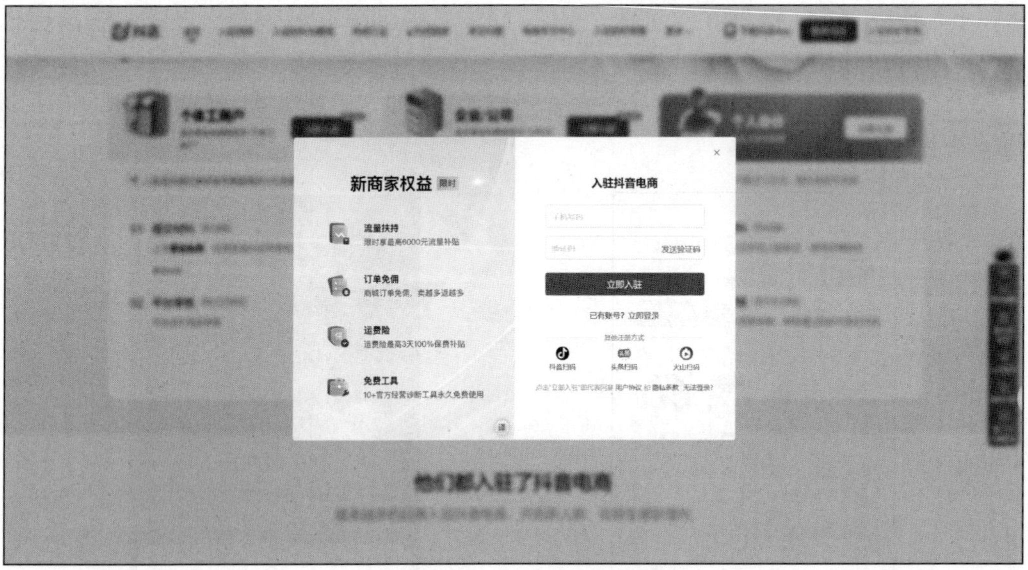

图3-7　抖音小店官网登录页面

步骤3：选择主体类型，包括国内商家（分别为个人身份、个体工商户和企业/公司）和跨境商家。注意：主体类型是营业执照的"类型"决定的，不是随意选择的，如果营业执照类型是"个体工商户"，那只能选择"个体工商户"，如果营业执照类型是"企业"，那只能选择"企业"，如果不使用营业执照入驻，可以选择"个人身份"，如图3-8所示。

图 3-8 选择主体类型页面

步骤 4：根据所选主体类型填写相关内容，"个人身份"和"个体工商户"填写店铺信息，"企业/公司"填写主体资质，如图 3-9、图 3-10、图 3-11 所示。

图 3-9 "个人身份"店铺信息填写页面

图 3-10 "个体工商户"店铺信息填写页面

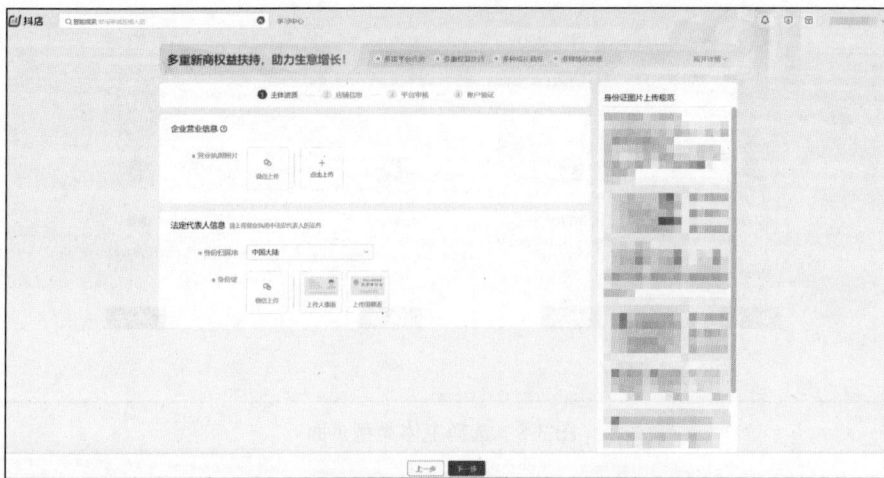

图 3-11 "企业/公司"填写主体资质页面

步骤 5："个人身份"和"个体工商户"完成店铺填写后单击"提交审核"，即可完成入驻，"企业/公司"完成主体资质填写后单击"下一步"，填写店铺信息。最后单击"提交审核"，等待平台审核通过后完成账户验证即可完成入驻。

3.2.2 B 站基础操作入门

1. 注册登录

进入 B 站官网，有微信登录、微博登录和 QQ 登录等多种方式供选择。如选择短信注册，输入手机号，单击"获取验证码"按钮，等待验证码以短信形式发送到手机上。按短信信息输入 4 位验证码，即可完成登录。注册登录页面如图 3-12 所示。

图 3-12 注册登录页面

2. 答题

注册登录成功之后，用户还需参与答题，在 100 道题中答对 60 道才算及格，未完成答题者将无法在视频中发送个性弹幕及参与社区互动。答题页面如图 3-13 所示。

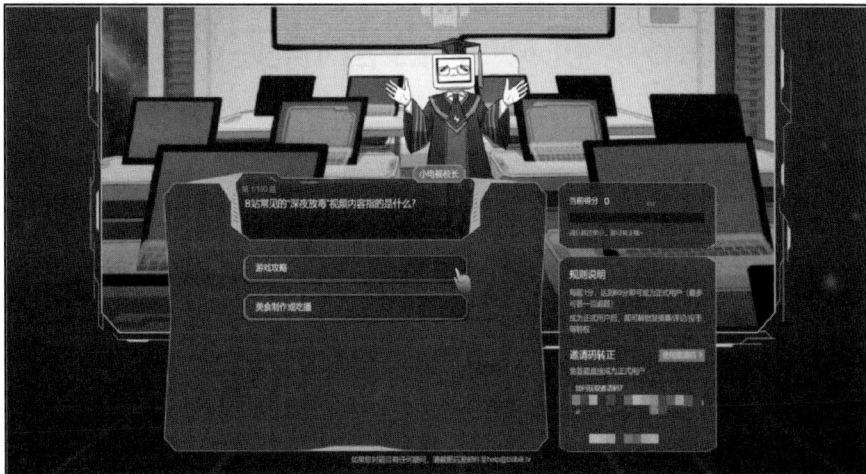

图 3-13　答题页面

对于 B 站而言，答题机制作用如下。

（1）有利于筛选有效用户。有效用户能让 B 站始终能保持高质量的动画、漫画、游戏（Animation，Comics and Games，ACG）社区氛围。

（2）有利于宣传 B 站文化。用户在答题过程中可了解相关文化。

3．观看投稿

登录成功后，页面中会呈现众多视频，单击页面右上角的粉红色按钮即可投稿。功能操作页面如图 3-14 所示。

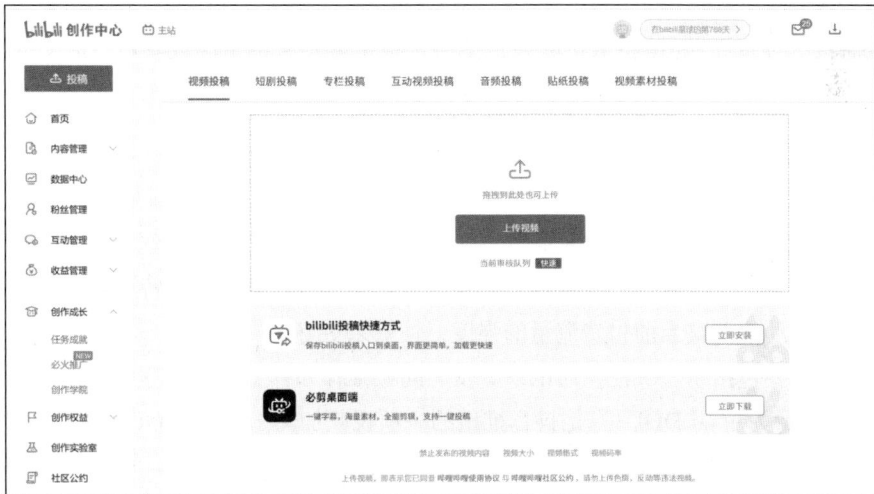

图 3-14　功能操作页面

同步训练

注册一个视频平台账号，尝试开店。

3.3 视频平台营销实战

3.3.1 抖音营销介绍

下面对抖音账户变现方式、抖音平台流量构成和抖音分发机制进行简要介绍。

1. 抖音账户变现方式

（1）直播带货和直播打赏。

直播带货是一种很常见的变现方式。感染力强、粉丝数多的达人主播，一场直播能通过带货实现几千万元的销售额。直播打赏适合有专长的主播或者"颜值"主播，如游戏主播、音乐主播等。

（2）广告变现。

若抖音账号粉丝多且粉丝量稳定，商家会付费请抖音博主对商家的产品进行宣传推广，这就是广告变现。

（3）线下实体店变现。

我们若拥有一家实体店，就可以在发布的作品下面附上实体店的地址，吸引用户来实体店进行消费；也可以请达人到实体店测评，在其发布的作品中附上实体店的相关链接。这种变现方式适用于旅游行业、餐饮行业和服装行业等。

（4）引流咨询。

这种变现方式主要适用于医美、装修、婚纱摄影等专业性强、客单价高的行业。客户通过视频或直播被"种草"，与博主取得联系，博主再根据客户咨询情况或者最后成交的数量收取佣金。

2. 抖音平台流量构成

抖音平台流量分为自然流量和付费流量两个部分。自然流量是免费流量，为粉丝主动关注、算法系统主动向用户推送的流量。我们可以通过日常运营不断获得新粉丝，从而增加算法系统给我们推送的流量。付费流量，顾名思义需要付费才能得到，其最大的特点是灵活性强。我们在直播时可实时动态调整当前付费流量的强度，使效果更好。

自然流量主要包括粉丝关注、通讯录好友、同城推荐和标签用户推荐等的流量。付费流量以"DOU+"流量为主，"DOU+"是抖音推出的一项视频加热工具，"DOU+"可将视频推荐给潜在用户，从而提高视频的播放量与互动量，提升优质内容的曝光效果。

"DOU+"定向版有两种投放形式。第一种是自定义定向推荐，我们可以选择性别、年龄、地域和兴趣四大特征标签，从而将视频推送给带有这些标签的用户。第二种则是达人相似粉丝推荐，视频会被推荐给与所添加的达人粉丝特征相似的用户，目标达人的粉丝画像越精准，投放效果就越好。

3. 抖音分发机制

（1）智能分发。

抖音对于新发布的视频会给予四部分的流量推荐。首先是将视频推送给账号粉丝；其次是推送给通讯录好友，这需要用户进行相应设置，使通讯录好友可以看到其发布的视频；再次是同城推荐；最后是同标签的用户流量池，相当于把同类型的视频都放到同一个流量池里面，并关注用户反馈。

（2）流量池等级。

不同账号对应的流量池是不同的，流量池有低级流量池、中级流量池、高级流量池之分。视频类型也会影响视频所在流量池的大小。如美食、旅游类的视频，针对的人群规模大、热度高；而剪纸类的视频，针对的人群规模就相对小一些。

（3）去中心化。

对于已经拥有大量粉丝的用户，抖音会限制新流量的分配，以把更多的流量分给新出现的高质量作者。这种分发机制更有利于平台的长期发展，可以不断吸引优质创作者入驻平台。

3.3.2 B站营销介绍

B站凭借内容质量高、社区氛围好、用户忠诚度高、用户活跃度高等优势，成为"90后""00后"重要的网络活动阵地。在众多视频平台中，B站为何能够独树一帜，受到用户拥戴呢？

1. 打造"Z世代"文化社区

B站由Acfun（A站）的核心用户创建，以弹幕视频为特点。B站最早以传播二次元内容为主，加上视频没有广告，有丰富的互动弹幕，很快被年轻人追捧和喜爱。

从用户年龄结构来看，B站用户的年龄多在24岁及以下，24岁及以下的用户占比为40.44%，25～30岁的用户占比为33.24%，这些用户大多是"Z世代"，所以，B站在其官网上介绍自己是"中国年轻人聚集的文化社区"。

2. 从四个维度做好社区营销

（1）产品营销：流量去中心化。

B站在产品上拥有三大优势：优质的互动弹幕、较少的广告、去中心化。B站自诞生之初就以弹幕闻名，并引领了弹幕这种独特潮流。而相比于其他视频网站动辄60～90秒的广告，B站在视频观看方面能给人更流畅舒适的体验。

B站必须保证用户有源源不断的优质内容可以观看，同时保证UP主有良性的生存环境。因此，为保证UP主持续生产优质内容，B站必须合理进行流量分配和对UP主进行创作激励。例如，B站首页有大量推荐位，用于展示UP主发布的视频，每个内容分区还设置排行榜来展示排名靠前的优质内容。

（2）内容营销：二次元版权扩张+品类拓展。

B站以传播二次元内容起家，并在二次元内容领域持续发力。除了大量引进正版番剧，B站也会积极参与各类IP的打造。2018年5月，B站在日本东京成立动画制作社，同年6月联合绘梦动画成立一家文化公司。为了减少对日漫作品的依赖，B站开设"国创"分区、投资国产动画，在助力国漫崛起的同时，努力实现自身在二次元版权方面的扩张。

除了进行二次元版权扩张，B站也在品类方面不断地拓展，开设直播、游戏、美妆、美食、时尚等分区。品类拓展不仅有助于留住用户、增加用户在线时长，还可以吸引新用户，提高B站的品牌影响力。

（3）用户营销：严格准入+严格处罚。

严格的准入机制保证了高价值认同水平。B站除邀请制外，还曾采用必须回答100道题才能成为正式会员的机制，这些问题涉及基本知识、氛围引导、规则告知等内容。在回答完问题后，那些本就认同B站的用户会更加认同B站，那些不了解B站的用户则接受了一次宣传。B站用户黏性和忠诚度调查情况如图3-15所示。

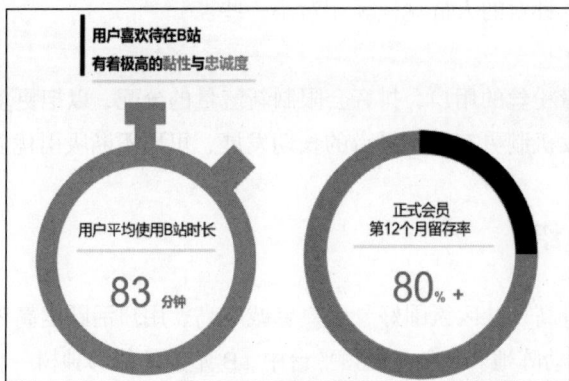

图3-15　B站用户黏性和忠诚度调查情况

严格的处罚机制保证了氛围质量。B站在审查方面力求做到严格、快速、透明。"小黑屋"是B站用于发布处罚通知的页面，其处罚响应速度快、封禁不手软。

（4）创作者营销：培养计划+激励计划。

B站活跃的UP主创作生态，是其社区不断发展的动力。B站的培养计划用于为新UP主提供线上线下全方位的培训。B站在线上开设"创作学院"，在线下开展"UP主学员交流日"，从取材创意、作图绘画、音频处理、后期剪辑、特效合成、进阶技能等方面帮助新UP主成长，提升新UP主的创作力。B站的培养计划如图3-16所示。

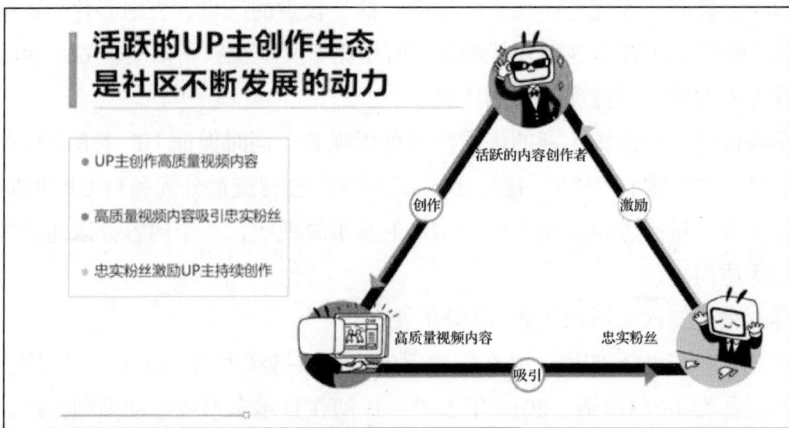

图3-16　B站的培养计划

激励计划可以分为荣誉激励和利益激励。例如，B 站会向 UP 主颁发 10 万粉丝奖牌、100 万粉丝奖牌，激励 UP 主成长；每年举办百大 UP 主颁奖典礼，增强 UP 主荣誉感；通过创作激励、充电计划等多种方式给 UP 主创造收益。

!!! 温馨提示

　　网络不是法外之地，任何以吸睛引流、增粉养号、恶性竞争、不当营利为目的，通过捏造事实、主观臆断、歪曲解读、恶意关联、蓄意炒作、翻炒旧闻等方式，侵害企业及企业家名誉，降低公众对企业产品或者服务的社会评价，影响企业正常生产经营活动，干扰市场经济秩序的虚假不实信息发布者，都会受到法律的惩罚。

同步训练

请同学们自行组队并进行分工，以弘扬中华优秀传统文化为主题，在之前注册的视频平台发布一个原创作品，并统计获得的点赞量等，将相关信息记录至表 3-2 中。

表 3-2　原创作品发布记录

发布平台	用户名	作品名称	收藏量	点赞量	评论量	备注

课后案例拓展

哈尔滨：抖音上的冰雪奇缘与城市爆火之路

1. 推广背景

近年来，哈尔滨这座被誉为"东方小巴黎"的城市，凭借其独特的冰雪风光、丰富的历史文化和热情友好的市民，逐渐在新媒体平台上崭露头角。特别是在抖音这一短视频平台上，哈尔滨以其独特的魅力吸引了大量用户的关注和喜爱，成为了一座名副其实的"抖音之城"。2023 年哈尔滨通过一系列精心策划的抖音营销活动，成功地将自己的城市形象推向了新的高度。

2. 特色推广

（1）冰雪大世界与"南方小土豆"的奇妙碰撞。

哈尔滨的冰雪大世界作为标志性景点，每年冬季都吸引着无数游客前来观赏。而在抖音上，这一景点更是成为了热门打卡地。与此同时，一批来自南方的游客将自己包装成"小土豆"，用短视频记录了自己在哈尔滨的全新感受：壮丽的冰雪风光、热情友好的哈尔滨人以及独特的饮食文化等。这些视频迅速走红，引发了全网关注，推动了哈尔滨相关题材的创作高峰。其中，"南方小土豆"这一热梗的播放量更是突破了数十亿次。

（2）政府与企业携手打造"抖音之城"。

哈尔滨市人民政府敏锐地发现了抖音对城市宣传的巨大作用，决定与抖音等新媒体平台合作，共同打造"抖音之城"。政府与抖音签订了合作协议，利用抖音为哈尔滨的文化旅游资源进行全方位宣传。哈尔滨还积极与电商平台合作，通过直播带货等方式将当地的特色产品推向全国。这些举措不仅提升了哈尔滨的知名度，还带动了当地经济的发展。

（3）文化活动与旅游项目的深度融合。

哈尔滨在内容营销方面展现出了高超的策略和执行力。通过一系列有趣的话题和热梗，如"尔滨，你让我感到陌生"等，让哈尔滨的冬季旅游形象更加鲜明。同时，哈尔滨还注重文化内涵的挖掘，在宣发过程中强调冰雪文化、东北文化和俄罗斯文化等多重元素，让游客在欣赏美景的同时也能深入了解当地的文化底蕴。此外，哈尔滨还推出了多个旅游项目，如极地馆、虎园等，为游客提供了丰富的游玩选择。

3. 活动成效

通过一系列精心策划的抖音营销活动，哈尔滨成功地将自己的城市形象推向了新的高度。如今，哈尔滨已经成为了一座备受瞩目的"抖音之城"，吸引了无数游客前来打卡和游玩。

学有所思

你通过视频平台了解了哪些旅游胜地？它们独特的"走红"策略有哪些？请列举至少两条。

_____

_____

_____

_____

AIGC 项目实训

使用 AIGC 工具辅助撰写视频脚本

某大学城附近的奶茶店为了有效推广新产品——"花语系列"，准备制作一个宣传视频，希望通过视频平台（如抖音、快手及微信视频号等）广泛传播。在此之前，团队决定先行撰写一份详尽而吸引人的宣传视频脚本，以确保拍摄出的视频内容既能体现产品卖点又富有感染力。

1. 实训要求

（1）生成方案：使用 DeepSeek 撰写一份宣传视频脚本，为奶茶店撰写宣传视频脚本提供参考。

（2）内容主题：通过视频平台（如抖音、快手及微信视频号等）推广新产品——"花语系列"，提升销量并增强品牌知名度。

2. 实训操作

（1）明确目的：脚本清晰传达推广新品、提升销量、增强知名度的目的。明确目标受众特征，制定针对性策略，如融入幽默、情感或互动元素，提升视频吸引力。

（2）时间控制：视频时长不超过 60 秒，预算经费不超过 1 000 元。

（3）设计指令：形成具体指令，例如，某大学生城附近的奶茶品牌为了有效推广新产品——"花语系列"，提升销量并增强品牌在市场中的知名度，计划通过抖音、快手及微信视频号等热门视频平台，发布一个宣传视频。该视频脚本设计力求主题鲜明、体现新品卖点、内容生动有趣，时长精确控制在 60 秒以内，同时确保整体制作成本不超过一千元。总结以上信息，为这家奶茶店生成一个宣传视频脚本。

（4）发送指令：打开 DeepSeek 页面，在底部的文本框中输入要求，并按"Enter"键发送，查看给出的营销策略，如图 3-17 所示。

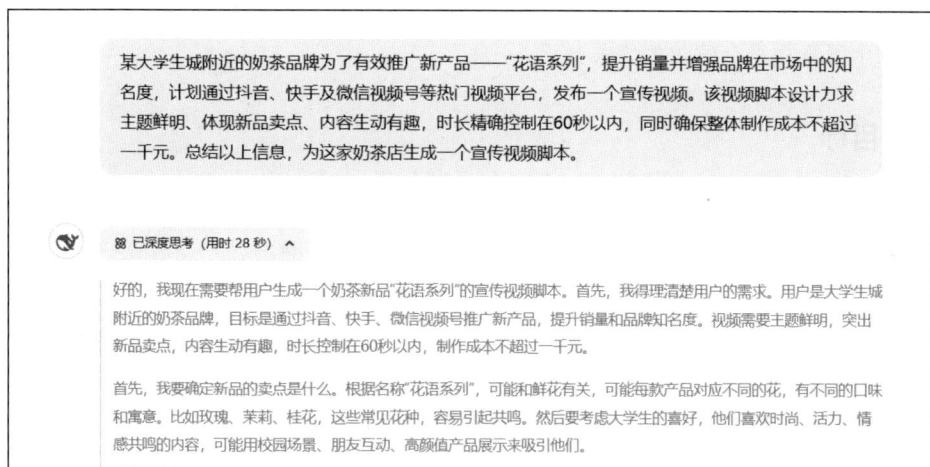

图 3-17　DeepSeek 辅助生成的部分视频脚本

项目4 直播平台营销

直播平台营销，也称网络直播营销，是一种借助网络直播技术开展的营销活动。2019 年，电商平台全面开展电商直播业务，通过直播为平台带来流量，促进销售，"直播 + 电商"成为新的营销手段。本项目从认识直播、直播平台基础操作和直播平台营销实战技巧三个方面来帮助大家学习直播平台营销的相关知识。

学习目标

价值塑造：遵守《电子商务法》；遵守《网络直播营销管理办法（试行）》；遵守各直播平台规则；培养诚实守信的职业道德和文明礼貌的网络素养；培养团队协作意识。

知识掌握：掌握直播平台的类别。

能力提升：通过直播平台对整个直播营销活动进行策划；熟练使用各种直播技巧。

课前线上学习

在线资源学习

请同学们在课前自主学习在线课程，扫描右侧二维码即可开始学习。

自主学习测试

一、单选题

1. 直播团队对引流内容的标题进行设计时，可以不考虑以下哪个因素？（　　）

   A. 爆发力　　　　B. 吸引力　　　　C. 引导力　　　　D. 表达力

2. 下列不属于直播特征的是（　　）。

   A. 真实性　　　　B. 实时性　　　　C. 互动性　　　　D. 严肃性

3. 以下哪一项不属于引导关注的话术技巧？（　　）

   A. 强调福利引导关注　　　　　　　　B. 强调签到领福利

   C. 强调直播内容的价值　　　　　　　D. 强调产品的细节

4. （　　）的形式通常是两个主播的粉丝竞相刷礼物或点赞，以刷礼物的金额或点赞数决定两个主播的胜负。

  A. 连线"PK" B. 连麦   C. 导播   D. 导粉

二、多选题

1. 常见的直播的形态有（　　）。

  A. 电视直播 B. 网络直播   C. 手机直播   D. 专业设备直播

2. 下列直播间选品策略中，属于高性价比的有（　　）。

  A. 产品具有特色   B. 全网最低价

  C. 无条件退换   D. 赠送大额优惠券

3. 主播在运营粉丝时，下列方法能够增强粉丝黏性的有（　　）。

  A. 引导粉丝加入粉丝团

  B. 打造人格化 IP

  C. 创作优质内容

  D. 高效互动

4. 下列属于教育类直播平台的有（　　）。

  A. 淘宝直播 B. 小鹅通   C. 美拍   D. 千聊

课中任务展开

4.1　认识直播

4.1.1　直播的定义

  传统对直播的定义是"广播电视节目的后期合成、播出同时进行的播出方式"。

  随着互联网的迅猛发展和广泛应用，以及智能手机对人们生活的影响日益增大，直播的概念也在不断变化，人们越来越关注即时性和时效性很强的网络直播。

  网络直播，是指通过直播平台将反映所在现场真实情况的音视频，利用网络媒介实时同步呈现给用户的传播方式。这种传播方式具有直观快捷，表达形式好，内容丰富，互动性、真实性和立体性强，不受地域限制的特点，有利于增强活动的推广效果。

  网络直播平台，是通过网络实现视频直播和互动的平台。

4.1.2　直播的特点

  （1）门槛较低。

  直播内容发布操作简单，并且适应性非常强，不受地域、时间、人员等因素的限制，任何人都可以直播，成为直播内容的生产者。

（2）实时互动。

直播具有实时性，观众能同步观看，还可通过弹幕等方式与主播即时互动，主播也能快速回应。

（3）内容丰富。

直播内容丰富，涵盖娱乐、电商、教育、新闻等多个领域，且场景多元，室内、户外均可。

（4）直观可视。

直播能给观众带来真实感，主播的表现、商品的使用效果等都能直观呈现，感染力强，易引发共鸣。

4.1.3　直播的类型

根据直播渠道的不同，直播可以分为 PC 端直播和移动端直播。

两者相比，移动端直播直接使用手机等移动通信终端录制直播画面，随时随地都能进行，更具灵活性、更加接地气。PC 端直播相对更专业，需要计算机、声卡、耳机、话筒、摄像头等设备，成本比较高，但与高成本对应的是直播功能丰富。

4.1.4　直播平台的分类

根据主打内容划分，直播平台大致可以分为娱乐类、游戏类、电商类、教育类和综合类等五种类型。

1. 娱乐类直播平台

娱乐类直播平台主要包括娱乐直播平台和生活直播平台两类。随着科技的发展和生活水平的不断提高，人们对精神生活更加注重，而娱乐是提升人们精神生活水平的重要途径。娱乐类直播平台满足了用户的多元化需求，实现了主播与用户的双向沟通。

2. 游戏类直播平台

游戏类直播平台以直播游戏及电子竞技比赛为主，主播需要实时展示并解说自己或他人的游戏、比赛过程。随着近年来电子竞技比赛的火爆，游戏直播的热度迅速提高，游戏类直播平台自然而然地成为商业领域的"香饽饽"。

3. 电商类直播平台

电商类直播主要通过在"电商+直播"平台上和粉丝进行互动来达到出售产品的目的。电商类直播引起越来越多人的关注，成为大众喜爱的一种购物方式。

较为典型的电商类直播平台有淘宝直播、京东直播等。

4. 教育类直播平台

由于可以将枯燥的文字转换成个性化的口语表达，以演讲、辩论等表现力十足的方式将内容呈现给用户，教育类直播平台越来越受广大用户的青睐，较为典型的有腾讯会议、钉钉等。

5. 综合类直播平台

综合类直播平台通常包含较多的直播类目，包括但不限于以上四类，这样用户进入平台后能有多种选择，从而实现一站式浏览。

抖音是较为典型的综合类直播平台。抖音和西瓜视频、今日头条是同一家公司旗下的产品，所以它们的用户大多是相通的。抖音依靠独特的内容推送机制和流量算法等赢得了用户的青睐和信赖，用户黏性相对较高。抖音积极发展电商、游戏、娱乐、教育等多个直播领域的业务，成为直播界的典型代表。

同步训练

你接触过哪几类直播平台？你是否在这些平台消费过？这些平台吸引你消费的主要原因是什么？

_____

_____

_____

_____

_____

4.2 直播平台基础操作

下面以抖音、淘宝、微信视频号为例，介绍新手直播需要掌握的基础操作。

4.2.1 抖音直播基础操作入门

想要在抖音直播带货，需要开通商品橱窗，开通商品橱窗的条件有：

（1）账号至少拥有 1 000 个粉丝；

（2）账号至少拥有 10 个公开发布且没有违规的作品；

（3）缴纳 500 元保证金。

步骤 1：打开抖音 App，进入"抖音创作者中心"，点击"全部"，找到电商带货，进行实名认证。如图 4-1 所示。

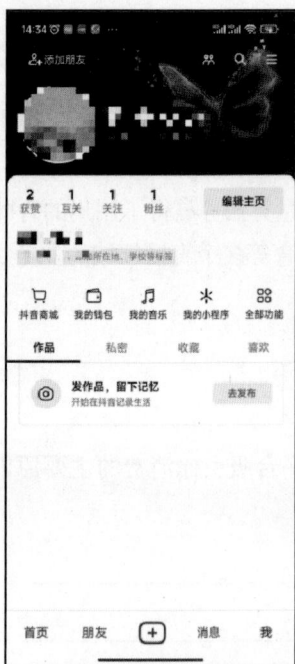

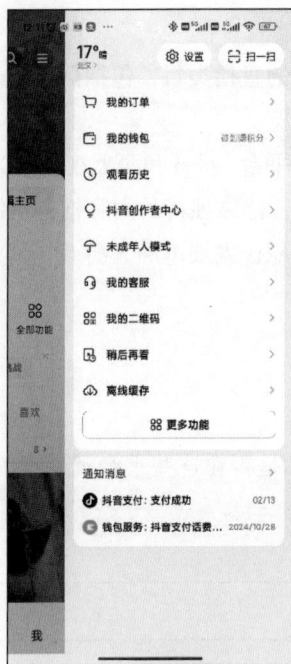

点击"我"，再点击"≡"　　　　点击"抖音创作者中心"　　　　点击"全部"

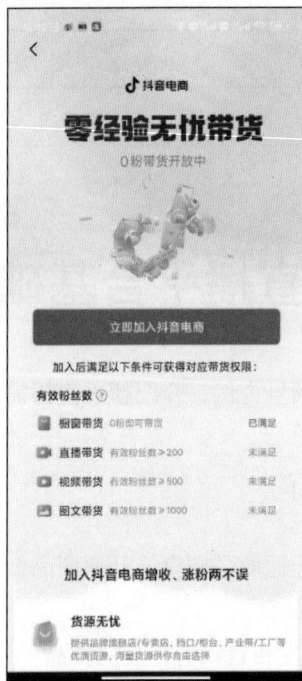

点击"电商带货"　　　　点击"立即加入抖音电商"　　　　点击"去认证"

图 4-1　实名认证流程

步骤 2：实名认证后，填写带货资质，等待审核。如图 4-2 所示。

填写带货资质   提交相关信息   等待审核

图 4-2　填写带货资质流程

步骤 3：审核成功后，缴纳保证金，商品橱窗开通成功。如图 4-3 所示。

点击"充值保证金"   商品橱窗开通成功

图 4-3　缴纳保证金流程

步骤 4：开始直播，点击首页下方的"+"，点击"开直播"，选择本次直播所需商品，挂上小黄车，如图 4-4 所示。

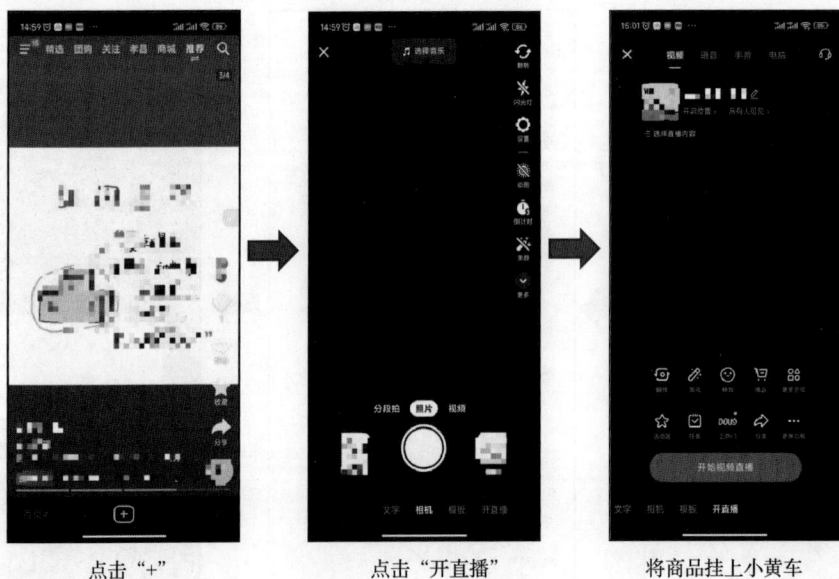

| 点击"+" | 点击"开直播" | 将商品挂上小黄车 |

图 4-4　抖音直播流程

4.2.2　淘宝直播基础操作入门

想要在淘宝直播，首先需要了解主播入驻的条件及要求。

（1）如为个人，须完成个人实名认证，且年满 18 周岁（同一身份信息下只能允许 1 个淘宝账户入驻）；如为企业，须完成企业实名认证（同一营业执照下允许≤10 个淘宝账户入驻）；

（2）账号状态正常，绑定一个实名认证的支付宝账号。

步骤 1：打开淘宝直播 App，商家使用店铺主账号登录，达人使用淘宝账号登录，实名认证并填写信息，入驻淘宝主播，如图 4-5 所示。

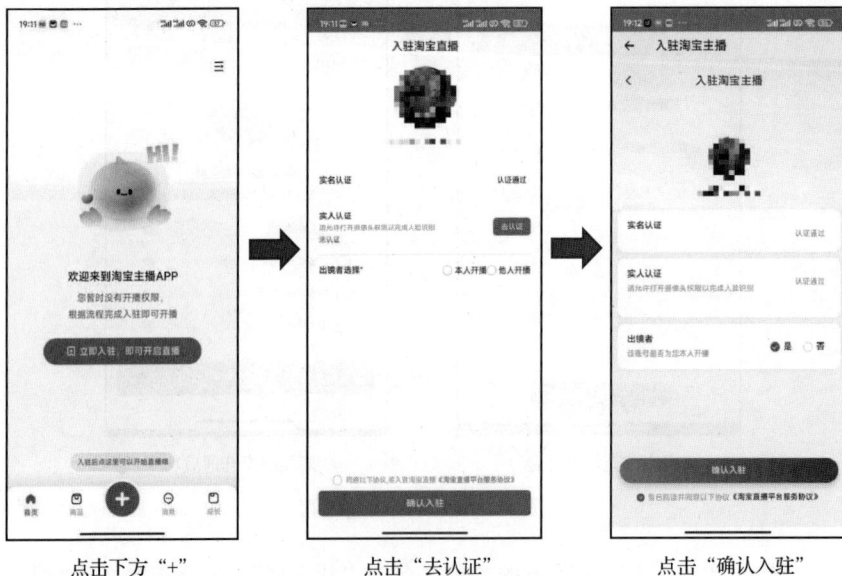

| 点击下方"+" | 点击"去认证" | 点击"确认入驻" |

图 4-5　入驻淘宝主播流程

步骤2：入驻成功后，点击首页下方的"+"，点击"快速带货"，选择本次直播所需商品，开始直播，如图4-6所示。

点击下方"+" | 点击"快速带货" | 选择商品

图4-6 淘宝直播流程

4.2.3 微信视频号直播基础操作入门

步骤1：打开微信，进入"发现"页面，注册微信视频号，如图4-7所示。

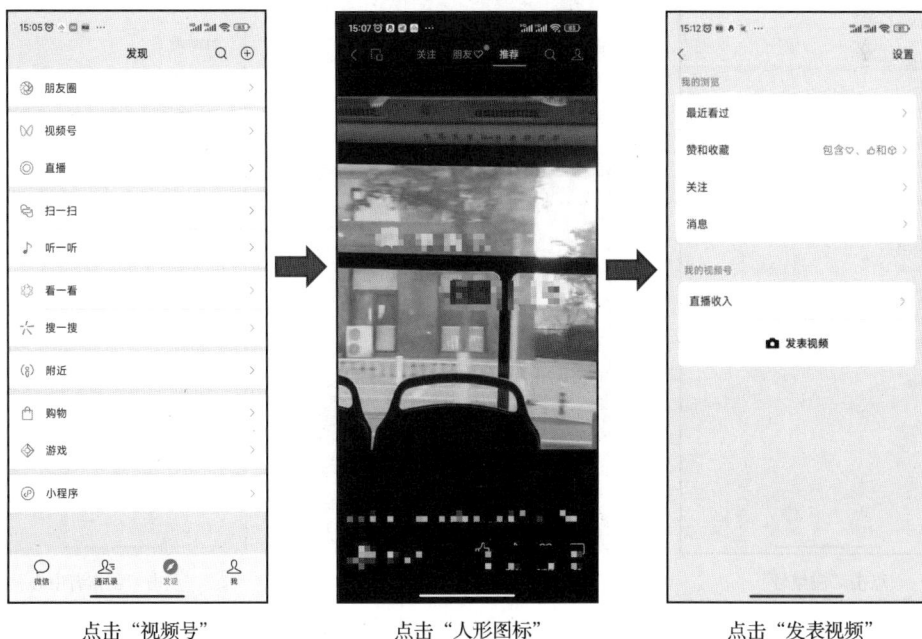

点击"视频号" | 点击"人形图标" | 点击"发表视频"

图4-7 微信视频号注册流程

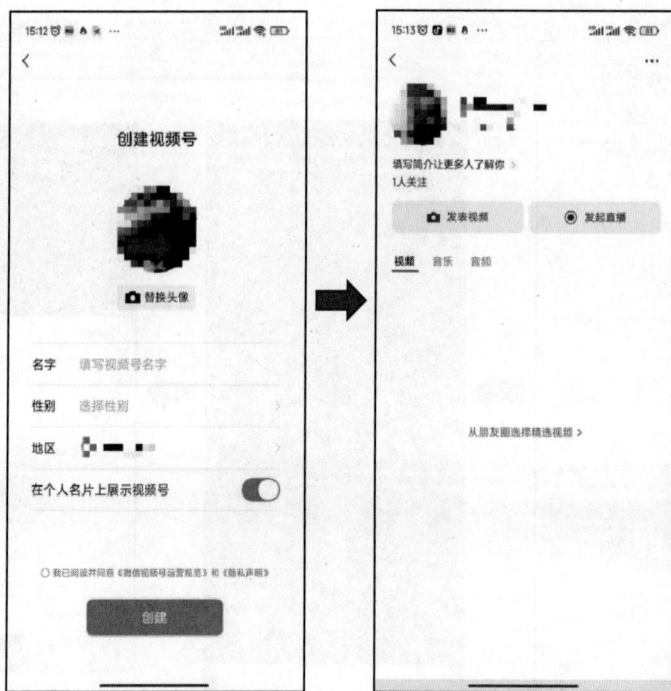

点击"创建"   注册完成

图 4-7 微信视频号注册流程（续）

步骤 2：微信视频号注册完成后，进入带货中心，打开橱窗，如图 4-8 所示。

点击"视频号"   点击"人形图标"   点击"创作者中心"

图 4-8 微信视频号打开橱窗流程

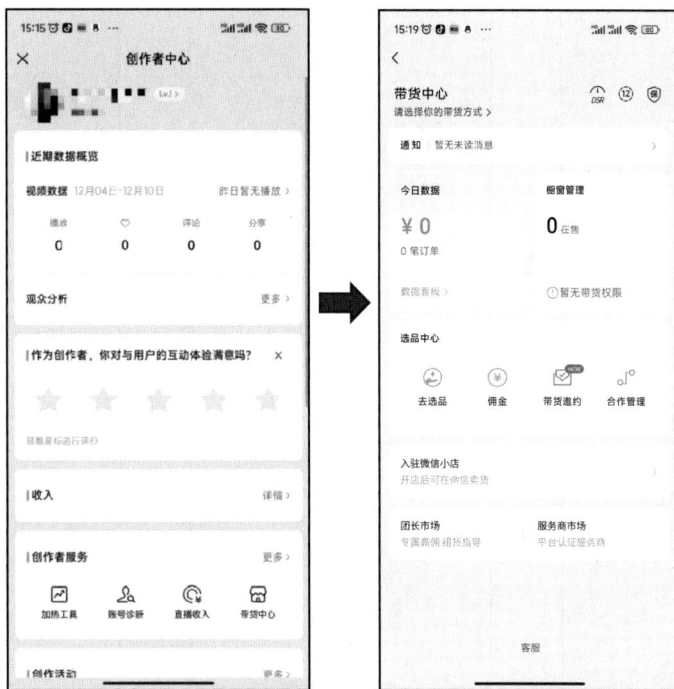

点击"带货中心"　　　　　　　点击"橱窗管理"

图 4-8　微信视频号打开橱窗流程（续）

步骤 3：微信视频号打开橱窗需实名认证和缴纳 100 元保证金，如图 4-9 所示。

点击"前往缴纳"　　　　　　点击"充值缴纳"　　　　　　点击"去认证"

图 4-9　微信视频号橱窗缴纳费用流程

点击"个人"　　　　　　　填写内容后等待审核　　　　　　审核通过后缴纳保证金

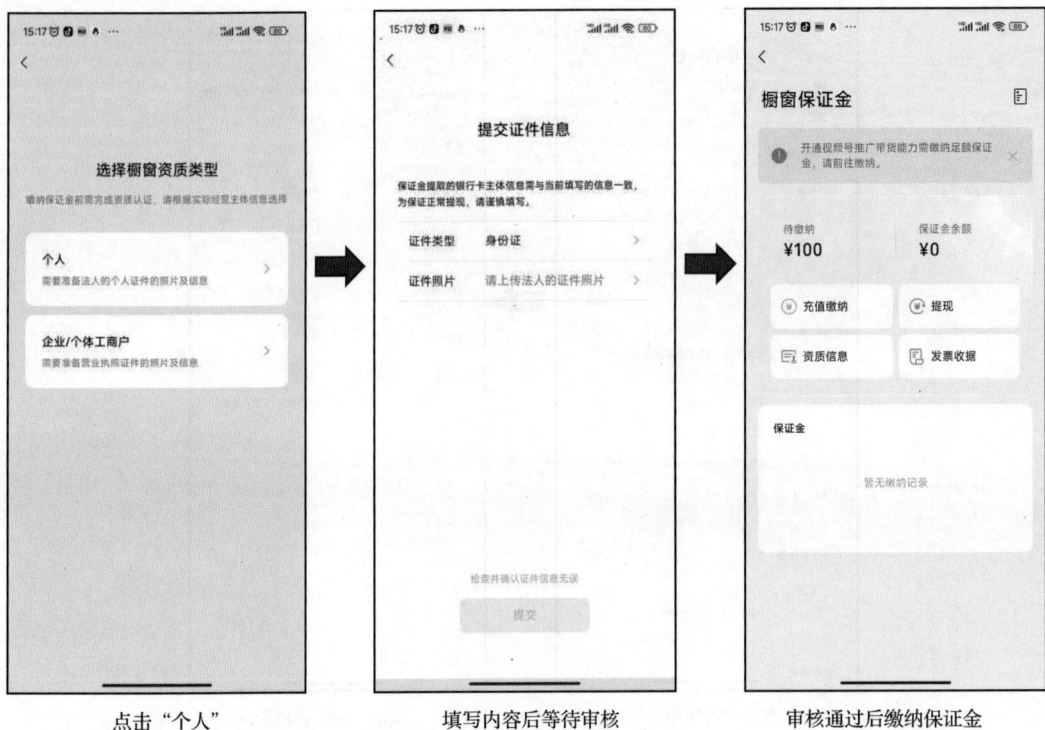

图 4-9　微信视频号橱窗缴纳费用流程（续）

步骤 4：保证金缴纳成功后，重新进入带货中心，开通橱窗，如图 4-10 所示。

点击"带货中心"　　　　　　　点击"去确认"　　　　　　　点击"开通"

图 4-10　微信视频号橱窗开通流程

点击"确定"

图 4-10　微信视频号橱窗开通流程（续）

步骤 5：微信视频号橱窗开通完成后，点击"发起直播"，实名认证后，选择本次直播所需商品，如图 4-11 所示。

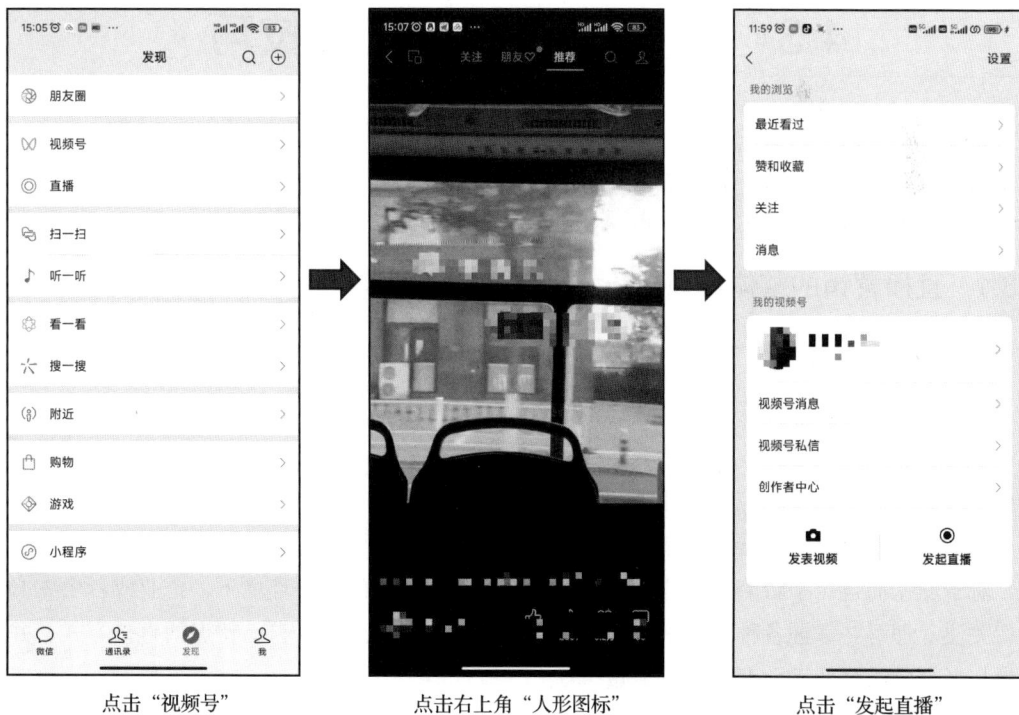

点击"视频号"　　　　　　　点击右上角"人形图标"　　　　　　点击"发起直播"

图 4-11　微信视频号开播流程

点击"直播"   进行实名认证   点击"商品"挂入商品

图 4-11 微信视频号开播流程（续）

4.3 直播平台营销实战技巧

直播平台营销实战技巧主要包括以下几个：直播营销的整体策划技巧、直播话术技巧、直播活动设置技巧、直播脚本制作技巧、直播数据复盘分析技巧等。

4.3.1 直播营销的整体策划技巧

1. 直播前

（1）选择合适的直播平台。

不同平台的风格调性、产品品类、目标用户、转化效率等各有不同，企业或者个人可以根据自身产品的类型选择相应的直播平台，也可以同时入驻多个直播平台。

（2）利用平台算法与推荐机制。

对于商家而言，平台流量是非常重要的，特别是在当前的竞争环境下，企业或者个人必须密切关注、理解并掌握各种直播平台的算法和推荐机制，找到符合自己特点的直播方式，并积极参与平台的排名活动，获取更多流量。

（3）构建完整的直播营销团队。

直播并非靠主播单兵作战。完整的直播团队通常包含以下人员。

主播：负责在直播时讲解产品，以及根据直播方案完成镜头前的各项展示工作等。

副播：也叫助播、助理，主要负责在直播现场协助主播完成直播，如组织直播抽奖、发放优惠券等，并且要参与直播方案策划、直播的预告及宣传等工作。

场控：主要负责产品的上下架、引导观众与主播互动、直播设备调试和现场突发问题处理。

运营：负责整场直播方案的策划，包括撰写脚本、制定预热推广方案、收集直播产品的资料，以及在直播过程中对直播间的流量、互动情况进行监测与调整。

客服：负责产品的售前、售后服务，以及回答留言区中的问题等。

（4）明确主播的职责。

在直播中，主播不能只"吆喝"，还需要做好以下几个方面的工作：品牌展示、情感支持、购物社交、使用指导等。

（5）建立科学的选品机制。

俗话说："产品选得好，卖货没烦恼。"产品的选择对于直播的成败至关重要。企业或者个人应该根据用户画像及直播平台特性来制定选品策略，选择合适的产品，才能提高销售转化率。

（6）运用限时、限量、限价策略。

直播间具有聚集效应，通过限时、限量、限价策略能营造出抢购氛围，促使观众产生紧迫感，进行刺激购买行为。

（7）做好直播前的预热工作。

所有的直播都需要做好前期的预热工作，否则难以保证正式开播时的效果。预热工作包括开播时间预告、福利发放等。企业或个人把直播的产品、主题、福利等告知潜在人群，确保前期预热到位，这样才能确保直播时有足够的观众。预热的方式可以是发布图文，也可以是发布视频。

企业或个人在直播前还要做好各方面的检查。直播前检查项目如表4-1所示。

表4-1　直播前检查项目

直播前检查							
主播		场控		中控		直播时段	
交易总额			投放金额			投入产出比	
营销玩法							
主播与场控之间的配合							
流程	检查项目	序号	具体事项			预估完成时间	负责人
一	时间提示	1	开播前倒数计时30分钟、5分钟、1分钟、5秒钟			1分钟	
二	后台登录	1	直播伴侣登录			2分钟	
		2	巨量百应达人工作台登录				
三	设备检查	1	灯（直播灯、背景灯）的位置、高度、方向是否正确；亮度是否适宜			4分钟	
		2	画面传输是否流畅；机位是否正确；画面是否清晰；画面是否歪斜				
		3	用于直播推流的计算机的网络连接是否正常				
		4	手机的网络连接是否正常；手机是否连接电源				

流程	检查项目	序号	具体事项	预估完成时间	负责人
四	摄像头参数	1	是否是竖屏推流	3分钟	
		2	画面是否正常		
		3	格式是否正常		
五	产品检查	1	产品状态是否良好 （例如，衣服上是否有太多褶皱？包是否干净？锅具是否清洁？桌面是否整洁？）	4分钟	
		2	讲解每款产品所需要的道具是否齐全 （如搭配外套的打底衫是否已准备好）		
六	人员到位	1	主播的服装或妆容是否满足直播需求（衣服、首饰、水杯等在直播画面中展示的物品上无品牌以外的Logo）；其他工作人员是否到位	3分钟	
七	后台设置	1	直播封面设置	15分钟以上	
		2	直播标题设置：编写标题文案，确保标题中无违禁词，避免过度营销		
		3	直播话题设置：搜索符合产品特点的热点话题		
		4	产品是否已上架；顺序是否正确		
		5	副标题是否卖点清晰；是否违规		
		6	屏蔽词设置（可能造成负面影响的关键词）		
八	问题预案	1	运营、场控、主播是否敲定当日直播"爆品"和预"爆品"	15分钟以上	
		2	直播参与人员是否清楚各产品的规格、优惠活动等		
		3	主播对物流方式、发货时间、退换货细则等的有关问题是否对答如流		
		4	上轮复盘问题回顾		

2. 直播中

（1）全团队协作。

直播是一个团队作业过程，主播在前台讲解，后台则有工作人员改价格，加库存，根据主播口令实时与直播间的观众沟通，每个环节都应紧密联系。

（2）巧妙地设计互动环节。

主播在进行预热、热场后，会介绍接下来在直播中出现的产品，给出直播大纲，让观众提前知悉直播内容，也可能会根据情况安排才艺表演、名人互动等环节。

（3）运用消费者视角进行直播。

有的主播往往会在直播中介绍如何辛苦地找供应商谈价格、供应商与主播已签保底协议等，或者将直播间产品的价格和超市的进行比对，这都是从消费者视角进行直播。

（4）设计个性化口头禅。

个性化口头禅已经成为一些主播鲜明的个人特色，富有个性的口头禅能给观众留下深刻印象。

（5）要全方位演绎。

主播应充分利用直播可视化的优势全方位演绎，把产品的特色展示出来。例如，展示好吃的东西时要做好表情、声音配合等。直播也是一门表演艺术。

（6）增加观众停留时长。

观众在直播间停留的时间越长，越有可能消费。增加观众停留时长的核心方法是多预告福利，分时段发送福利，提高观众活跃度。

（7）关注留言并随时互动。

直播的核心要素是互动。在直播过程中，主播要一直关注留言，根据观众的反馈及时与观众互动。若没人留言，可以让副播向主播提问，从而引发观众与主播的互动。

3. 直播后

（1）直播结束后可适当催单。

直播结束后，团队还需要继续努力。很多观众由于一系列原因拍下产品后还没有付款，这个时候主播就需要引导观众完成这笔交易。

（2）老客户管理。

相对于维护老客户的成本，新客户的开发成本要高好几倍，所以从私域流量运营的角度，主播要对老客户做进一步的管理，具体内容包括以下三个方面。一是要有客户服务意识，为客户提供高质量的服务，与客户建立紧密的联系。二是引导客户参与社交电商，在使客户享受福利优惠的同时，维护客户群体。三是设计和引导复购。

（3）直播结束后及时进行复盘。

下播后，直播团队要及时进行复盘，直播结束后的复盘内容如表4-2所示。

表4-2　直播结束后的复盘内容

人员	复盘方向	关注维度
主播	直播状态	直播脚本，开场、互动、催单和促单话术，控场能力
副播	后台操作配合	上下架产品、库存、优惠券、进店人数、点击量、下单量
场控	直播效果	选品、排品、组合、流程、节奏、视觉效果
运营	投放效果	视频发布、投放时机、投放金额、投放目标、投放效果
客服	客户需求	中奖信息、高频问题、客户需求

（4）提供专业的售后服务。

售后服务工作的质量直接关系到直播团队的声誉。一个好的售后服务团队可以帮助直播团队赢得客户的信任，为直播间带来优质的客户群。

4.3.2　直播话术技巧

一般来讲，直播话术包括直播开场和暖场话术、引导粉丝停留话术、引导粉丝互动话术等，这些直播话术是不可或缺的。相关技巧如下。

1. 直播开场和暖场话术技巧

直播开场和暖场话术一定要注重注入情感，进而导入话题。对于粉丝来说，其能够长时间停留在某个直播间，首先是因为其与主播在情感上产生了共鸣。

2. 引导粉丝停留话术技巧

主播可通过提问等方式引导粉丝停留。

3. 引导粉丝互动话术技巧

引导粉丝互动也称作羊群互动或点名人群。主播和副播务必在直播中尽量关注每位粉丝的个人动作，如有人点亮灯牌、有人关注主播、有人提问题等，此时主播和副播可将粉丝的个人动作转化为直播间的话题，以引导其他粉丝效仿。

4. 直播产品介绍话术技巧

在直播中，主播在产品介绍环节一定要注重互动，进行需求挖掘，可使用放大痛点、制造话题等方法。主播要有良好的临场反应能力，向粉丝"抛需求、抛利益、抛关联"，做好粉丝的需求引导。

主播做的产品介绍一定要包括产品成分、产品功效、产品使用方法、福利及优惠活动等。产品介绍要突出货源优势、独特卖点、使用场景，重点是突出渠道价格优势。例如，对于护肤品，可以介绍成分、使用方法；对于家居用品，可以介绍质量、风格；对于服装，可以介绍材质、款式。

5. 催单话术技巧

很多消费者在选好产品后，可能会迟迟不完成支付，此时主播就需要使用催单话术，促使消费者完成支付。催单话术技巧如下。

（1）强调产品的效果和价格优势。

主播应在适当的时机强调产品的优势，促使消费者下单。

（2）营造紧张的购买氛围。

主播在一款产品售完之后，往往会在直播间直呼"没了""卖完了"。像这样，主播可以控制直播间的销售节奏，利用"饥饿营销"，让消费者感叹自己运气好，让没买到的消费者下次更快下单。关键在于营造一种紧张的购买氛围，给消费者发出行动指令，使消费者产生一种紧迫感，进而迅速完成购买。

（3）打消消费者的顾虑。

例如，主播在卖某一款电子产品时，应随时强调："不用再想了，喜欢就可以直接拍下，我们支持7天无理由退换货并提供运费险。"这样能打消消费者的顾虑，营造积极购买的氛围。

6. 结束话术

当即将完成产品介绍或直播即将结束的时候，主播一定要预告讲解下一款产品和下一场直播的时间；同时，要在直播间反复提醒接下来将发放的福利等。

4.3.3 直播活动设置技巧

直播活动设置可以分为日常活动设置和短期活动设置。

日常活动一般有回馈老粉活动、欢迎新粉活动、开年首播活动等，活动形式可以为发福袋、抽奖、发优惠券、特定产品超低价等。

短期活动就是为某个特定的时间设计的活动，如"双11"活动、国庆节活动等。短期活动开展的次数不要太多，不然会损害品牌声誉。短期活动要快速吸引流量，活动形式有买一送一、全场半价等。

4.3.4　直播脚本制作技巧

1．直播脚本的定义

直播脚本，是指以书稿形式呈现的直播过程的完整框架，制作直播脚本的目的主要是使直播按照预期的流程有序地进行。

一个好的直播脚本是掌控直播节奏、规范直播流程、实现预期目标的关键。在直播当中，每个环节都要提前精心设计。直播脚本不仅要提前准备，而且还要准备两种：整场直播脚本和单品解说脚本。整场直播脚本针对的是整场直播，旨在规范整场直播的节奏、流程和内容。单品解说脚本针对的是单个产品，旨在规范对单个产品的解说，提炼产品的卖点，突出产品的特点。

2．直播脚本的作用

做过直播的人可能都遇到过以下这些问题。

① 应对多咨询场景。主播只向一个粉丝介绍产品还比较得心应手，但如果同时有几个粉丝想要了解不同的产品，就会乱了阵脚，顾此失彼，甚至出现语言逻辑混乱等问题。

② 避免讲解词重复或无感情。如果主播没有提前准备，每个产品的讲解词就会基本相同，或者主播会没有感情地进行背书式讲解，使粉丝感觉主播很敷衍，没有亲和力。

③ 确保直播时长和内容把控。主播面对镜头不知道说什么，不知道该如何介绍产品；一场直播，原计划播 1 小时，但实际 25 分钟就结束了。

直播脚本就是用于有效地预防、解决上述问题的，提前制作好直播脚本可以确保整场直播有序进行。

3．直播脚本撰写方法

（1）设定直播目标。

相关人员首先要明确直播的目标，可以只设定一个目标，也可以设定多个目标，例如同时追求产品销量、品牌曝光度和粉丝增长。明确的目标可以为直播流程提供方向指引。

（2）明确人员分工。

撰写直播脚本时，要对直播团队中的人员进行合理调度、分工，每个环节都有专人负责，确保直播过程的流畅性和高效性。

（3）确定直播时间。

直播时间的稳定性对于直播效果至关重要，直播团队应根据产品特性、目标受众的活跃时间来选择适宜的直播时段，一旦确定直播时间，尽量避免更改，时间的不稳定性会造成粉丝的流失。

（4）设计福利活动。

直播脚本中要设计针对粉丝的福利活动，活动形式一般有抽现金红包、送大额优惠券、抽免单、送其他各种各样的小礼品等。活动的开展时间也要设计好，如刚开播时、下播前等。

（5）细化每个时段。

把以上四点细化到整场直播的每个时段里，例如在直播的前 10 分钟进行开场介绍和第一轮福利发放，中间 30 分钟专注于产品介绍和销售，最后 10 分钟进行总结和下一场直播预告的，确保直播的每个环节都紧密有序进行。

（6）不断优化。

直播脚本绝不是一成不变的，相关人员要根据每场直播的差异不断进行优化和调整，使之更高效地服务直播。

整场直播脚本完整示例如表 4-3 所示。

表 4-3　整场直播脚本完整示例

直播时间	2023 年 2 月 11 日 20:00
直播地点	公司 1 号直播间
直播主题	开春首播福利专场
运营	1. 开播测试 2. 直播间标题及封面编辑 3. 直播间背景音乐播放 4. 现场气氛烘托
场控	1. 烘托直播间氛围，引导粉丝关注直播间 2. 及时上下架产品并营造直播氛围（与主播交流），配合主播做场景置换和互动 3. 开播前 6 小时投放一次预告视频，开播前 2～3 小时再投放一次预告视频，开播后每半小时投放一次现场视频 4. 直播结束后要分析数据，注意视频违禁词 5. 及时调整直播方案
客服	1. 在后台与粉丝互动 2. 在 3 分钟内回复粉丝问题 3. 配合主播，营造氛围
副播	1. 配合主播回复公屏留言，根据促销文案营造氛围 2. 频繁提醒粉丝关注主播，频繁强调直播间在线人数以促成交易，介绍产品优势，介绍本场直播中的活动 3. 管理直播间，配合上架产品。提示开始，副播要及时跟后台沟通，同时准备议题板提示主播介绍每个单品的时间，以防主播介绍某个单品的时间过长 4. 适时展示尺码范围板 5. 配合主播营造氛围，反应要及时，引导粉丝下单、互动，展示手机操作方法 6. 准备一些促单用的小道具，如计算器、黑板、秒表等，将这些道具放到主播伸手就能拿到的地方 7. 可以通过问主播问题引出产品的卖点，关注主播忽略的部分，同时也可以试用产品并向粉丝分享感受 8. 副播在主播讲解时的配合 ①主播询问副播库存还有多少，副播根据在线人数汇报库存数量，从而营造紧张感 ②主播安排副播去向厂家或者工厂确认产品能否以某个价格卖给粉丝，制造紧张感从而促进销售
主播	1. 掌握节奏、增加互动、引导团队操作、要求"五连"（关注、分享、点赞、互动、评论） 2. 所有话术都要用于引导粉丝在直播间消费
直播前准备	1. 直播团队彩排，沟通细节 2. 选品和组货 3. 直播设备准备，如灯光、镜头调试，音乐准备 4. 预告视频发布 5. 账号设置
注意事项	1. 丰富直播间的互动玩法，提高粉丝活跃度，增强粉丝黏性 2. 直播时间分配：介绍产品（60%）、回复粉丝问题（30%）、预告下一环节的福利（10%） 3. 多引导粉丝问问题 4. 以主打产品为主，对其他产品的介绍时间不可过长 5. 在直播中避免使用违禁词

4.3.5 直播数据复盘分析

1. 复盘目的

直播团队应根据直播的实际情况，做好每场直播的复盘并整理成台账。精细化的数据复盘分析对于提升主播控场能力、促进直播间的可持续发展很有帮助。

2. 复盘分析的关键数据

每场直播结束后，直播团队都有必要进行复盘，对在哪个时间点涨粉、在哪个时间点粉丝停留时间长、在哪个时间点掉粉严重等数据进行复盘分析。直播数据复盘分析有助于优化下一场直播的效果，增加下次直播的成交量。复盘分析的关键数据如图 4-12 所示。

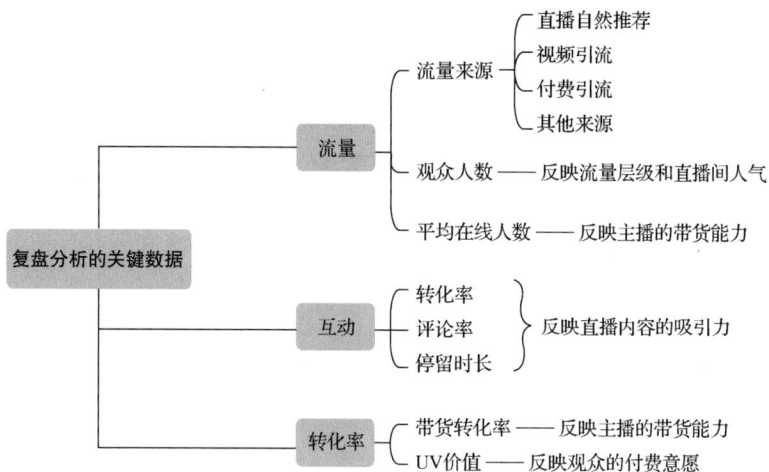

图 4-12　复盘分析的关键数据

4.3.6 直播行业工作内容及任职要求

直播行业工作内容及任职要求如表 4-4 所示。

表 4-4　直播行业工作内容及任职要求

岗位名称	工作内容	任职要求
主播	1. 通过抖音、快手等直播平台，向粉丝介绍产品并引导下单 2. 与粉丝互动、活跃气氛，增加粉丝的活跃度，引导粉丝关注直播间，增加在线人数 3. 不断优化直播内容、提高用户参与度、增强粉丝黏性 4. 快速掌握产品知识，解说产品特点，达成线上销售及吸粉目标 5. 配合相关工作人员完成前期准备和后期工作，如造型设计、知识培训、数据复盘	1. 一般为 18～30 岁，有与直播和销售相关的工作经验 2. 具备较强的沟通能力，普通话标准，性格外向活泼，能与粉丝形成良性互动 3. 热爱生活，形象气质佳，有垂类行业经验者优先 4. 思维敏捷，情商高，具有较强的现场应变能力
运营	1. 负责制定与直播相关的运营策略 2. 基于主播在不同阶段的需求，制定对应的策略提升主播控场能力 3. 关注运营效率，推动运营工具体系的建设，提高团队产出效率	1. 有直播运营经验，对直播行业有深入的理解 2. 具备优秀的数据分析和洞察能力、良好的解决问题及沟通能力、较强的团队合作精神及服务意识 3. 具备大型活动策划经验和用户运营经验 4. 积极向上，有抗压能力，能应对一定的挑战

岗位名称	工作内容	任职要求
选品	1. 负责支持全品类选品工作 2. 根据营销主题，把控上架节奏 3. 能参与直播选品专业解答环节 4. 根据销售数据，及时调整选品策略，优化选品方案	1. 深度了解相关类目国内外品牌的产品知识，网购经验丰富 2. 对家居、数码、食品、服装、美妆等两个及以上相关领域有一定的见解 3. 具有较高的用户消费敏锐度和较强的前瞻性，能洞察用户需求，并可根据销售数据调整选品策略
副播	1. 开播前，协助主播确定场地场景和道具 2. 在直播过程中，协助主播互动，及时递送道具，与主播一起活跃直播间氛围 3. 协助主播把握流程 4. 在直播间回答观众的提问	1. 有直播经历，吐字清晰，说话条理分明，有良好的沟通能力 2. 能快速接受新事物，学习能力强 3. 有良好的形象和气质

!!! **温馨提示**

直播团队要保护未成年人网络合法权益，及时处置以文字、图片、音视频等形式侮辱、诽谤、威胁未成年人或者恶意损害未成年人形象的违法和不良信息。

同步训练

5 人组成一个团队，通过头脑风暴和团队协作策划一场直播，直播结束后简单复盘并填写表 4-5。

表 4-5 直播复盘表

直播平台	观众数	涨粉量	评论量	点赞量	UV 数

课后案例拓展

政府部门人员直播

1. 案例背景

近年来，越来越多的政府部门人员加入直播队伍，他们通过直播的形式，向广大网友介绍当地的特色产品、旅游资源、文化历史等，有的甚至成为"顶流"。

2. 政府部门人员直播营销案例

（1）湖北省随州市文化和旅游局局长带火当地银杏谷景区。

直播中，解伟以古风扮相出镜，头戴斗笠，身着一袭白衣，在银杏树下舞剑、下棋。虽然创意不错，但他的形象确实不符合大众对古装侠客的期待，人们都在吐槽其妆造。随后他也在自己的短视频账号对"尴尬"的妆造做出解释："我们需要话题，需要宣传自己的家乡，只要能让网友觉得有趣，知道随州有这么多美景就行了。"诚恳的回应让他收获了一批粉丝。在接受新闻采访时，他表示意外走红之后自己内心很忐忑。"现在我感觉到了大家的关注，有时我在景区拍摄，不少游客认出我后会说：'诶，局长又来宣传了，我就是看了你的抖音才过来玩的。'对此，我感到很荣幸。"

（2）广西多地文旅干部直播带货，助力家乡景区焕发新生。

广西多地文旅干部积极拥抱数字化转型，纷纷组团亮相直播间，成为家乡景区的"网红代言人"。2022年3月，时任河池市罗城仫佬族自治县副县长欧彦伶等人亲自上阵，通过生动有趣的直播互动，带领网友线上游览特色景点，不仅深度展示了广西的自然风光和民族文化，还成功带动了当地特色产品的销售，为旅游业和相关产业注入了强劲动力。这一创新举措不仅有效提升了广西旅游景点的知名度和美誉度，也为地方经济发展开辟了新路径，展现了文旅干部勇于担当、积极作为的新风貌，成为全国文旅宣传的一大亮点。

3. 启示

政府部门人员出镜宣传，符合当前新媒体环境下的传播规律。当前，各种新媒体平台给各类主体的直接传播提供了条件，受众不再满足于单向接收信息，更喜欢与传播主体直接互动。政府部门人员在直播时要注重讲述产品背后的故事，让网友留在直播间，边看边听边买。

旅游宣传需要做到个人化、个性化，除了让政府部门人员出镜，景区的动物、树木、山崖等都可以在社交媒体上以拟人化的形象与受众"直接互动"，成为"网红"，这样往往能取得更好的宣传效果。

学有所思

你了解你的家乡吗？你觉得应如何通过直播宣传你的家乡？请列举至少两条建议。

_____

_____

_____

_____

📖 **AIGC 项目实训**

使用 AIGC 工具策划一场直播活动

国内知名休闲食品品牌味之源以其丰富的产品线、高品质的食品以及贴近消费者需求的市场策略，在行业中享有盛誉。随着春节临近，年货市场逐渐升温，为抓住这一销售旺季，提升品牌影响力，增加市场份额，味之源决定策划一场年货节线上直播活动。此次直播活动旨在通过创新的内容和互动形式，吸引更多消费者关注并购买味之源的年货产品。

1. 实训要求

（1）内容主题：围绕味之源年货节，生成线上直播流程，需包含直播脚本、互动话术、直播复盘等。

（2）评估效果：通过社交媒体、短视频平台等广泛发布直播预告，吸引观众。直播过程中记录关键数据，如观众数量、互动指标（点赞、评论、分享等），并收集用户反馈。

2．实训操作

（1）品牌分析：梳理味之源品牌定位、核心卖点及产品特征，其年货产品包装节日特色鲜明，产品丰富，口感多样，品质优良。

（2）设计指令：根据品牌分析，设计指令，例如，味之源作为国内知名休闲食品品牌，以高品质、丰富的产品线及贴近消费者需求的市场策略广受好评。其产品涵盖多种年货食品，节日特色鲜明，口感多样，包装精美。请制作一场以"味之源年货盛宴"为主题的线上直播活动方案，需包含直播脚本、互动设计、直播复盘等流程，直播时长为3小时，需强调味之源的品牌价值、产品特色及节日氛围。

（3）发送指令：打开 DeepSeek 页面，在底部的文本框中输入要求，并按"Enter"键发送，查看给出的营销策略，如图 4-13 所示。

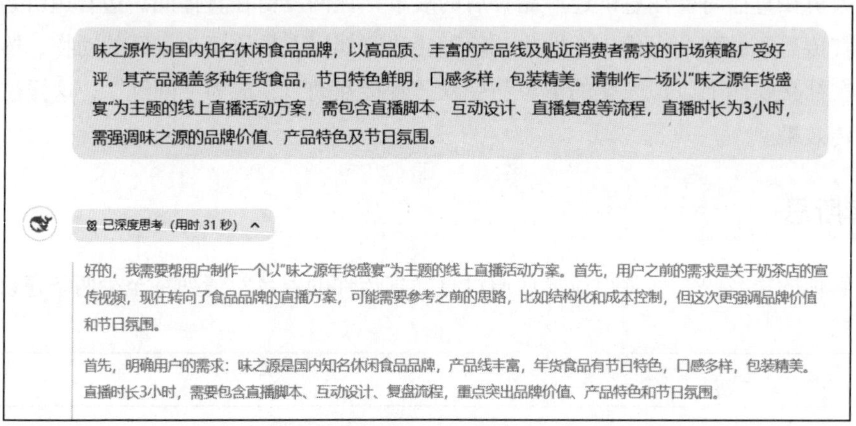

味之源作为国内知名休闲食品品牌，以高品质、丰富的产品线及贴近消费者需求的市场策略广受好评。其产品涵盖多种年货食品，节日特色鲜明，口感多样，包装精美。请制作一场以"味之源年货盛宴"为主题的线上直播活动方案，需包含直播脚本、互动设计、直播复盘等流程，直播时长为3小时，需强调味之源的品牌价值、产品特色及节日氛围。

已深度思考（用时31秒）

好的，我需要帮用户制作一个以"味之源年货盛宴"为主题的线上直播活动方案。首先，用户之前的需求是关于奶茶店的宣传视频，现在转向了食品品牌的直播方案，可能需要参考之前的思路，比如结构化和成本控制，但这次更强调品牌价值和节日氛围。

首先，明确用户的需求：味之源是国内知名休闲食品品牌，产品线丰富，年货食品有节日特色，口感多样，包装精美。直播时长3小时，需要包含直播脚本、互动设计、复盘流程，重点突出品牌价值、产品特色和节日氛围。

图 4-13　DeepSeek 策划味之源年货盛宴直播流程

项目 5　微信营销

　　微信是目前我国公众普遍使用的主要社交工具，属于社交媒体平台。微信庞大的用户基数带来了它独特的营销特点和优势，作为现象级的营销平台，编者将它单独成章，在项目 7 社交媒体营销部分不再赘述。本项目将通过认识微信和微信营销、微信基础操作和微信营销实战技巧三个板块，帮助大家学习微信营销的相关知识。

学习目标

　　价值塑造：遵守《电子商务法》；遵守微信平台规则；培养诚实守信的职业道德和文明礼貌的网络素养；培养团队协作意识。

　　知识掌握：掌握个人微信、微信公众号的区别；知道微信营销的特点。

　　能力提升：能使用微信、利用微信公众号开展营销。

课前线上学习

在线资源学习

请同学们在课前自主学习在线课程，扫描右侧二维码即可开始学习。

自主学习测试

一、单选题

1. 以下哪个不属于微信公众号？（　　　　）
   A. 订阅号　　　　B. 企业微信　　　　C. 社群号　　　　D. 服务号

2. 运营者需要从（　　　　）角度出发来确定微信公众号的运营方向。
   A. 用户　　　　B. 创意　　　　C. 产品　　　　D. 服务

3. 在微信公众号中设置关注回复内容时，最重要的是（　　　　）。
   A. 展示产品　　　　B. 提供服务　　　　C. 提供链接　　　　D. 介绍自己

4. 在微信营销中，（　　）可以减轻竞争压力，帮助运营者提高核心竞争力。

    A. 差异化定位　　B. 多元化定位　　　　C. 成本领先　　　　D. 服务领先

二、多选题

1. 在微信营销中，微信的重要模块有（　　）。

    A. 个人微信　　B. 微信公众号　　　C. 微信视频号　　D. 小程序

2. 微信营销的特点包括（　　）。

    A. 提高用户忠诚度　　　　　　　　B. 便于进行病毒式的口碑推广

    C. 降低中小企业推广门槛　　　　　D. 增强用户黏性

3. 微信的优势体现在（　　）。

    A. 传播的交互性强　　　　　　　　B. 内部信息流通便捷

    C. 三大信息圈信息流动畅通　　　　D. 社群强大

4. 运营者对微信公众号的需求总结为（　　）。

    A. 关注需求　　　　　　　　　　　B. 企业形象需求

    C. 用户黏性需求　　　　　　　　　D. 商业需求

课中任务展开

5.1　认识微信和微信营销

5.1.1　什么是微信

微信是腾讯公司于 2011 年 1 月 21 日推出的一个为智能终端提供即时通信服务的免费应用程序，是一款集即时通信、社交分享、信息获取与服务于一体的多功能应用程序，广泛应用于个人交流、商务合作及生活服务等场景。如今，微信已深入人们生活的方方面面。

5.1.2　什么是微信营销

微信营销是指在网络经济中，企业和个人利用微信的特性进行品牌推广、市场营销和客户互动活动。

5.1.3　微信营销的重要板块

微信正以各种方式改变着大众传统的思维和习惯。下面将解读微信营销的重要板块。

1. 个人微信

由个人申请开通的微信账号叫作个人微信（也叫微信个人号）。个人微信可以和手机通讯录绑定，使用户可以添加通讯录里的好友，与其用微信进行交流、联系，邀请好友加入群聊，通过朋友圈互动等。个人微信也提供了手机充值、生活缴费等诸多服务。

当个人微信通过企业微信发送的邀请链接完成授权认证后，个人微信可以认证为企业个人微信，以便用户使用微信公众号的相关功能，为客户提供服务，如图5-1和图5-2所示。

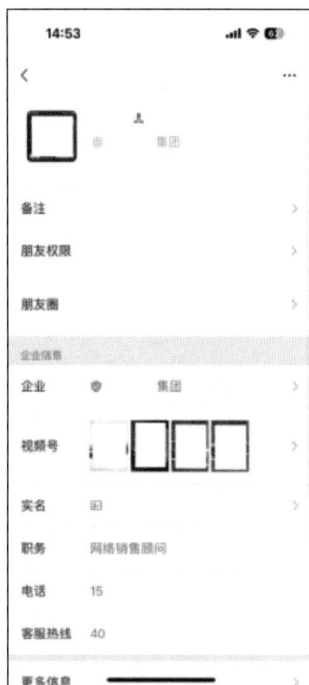

图 5-1　个人微信　　　　图 5-2　企业个人微信

2. 微信视频号

随着快手、抖音等平台的出现与爆火，微信在2020年推出了视频号功能。微信视频号不同于订阅号、服务号，它是一个全新的内容记录与创作平台，内容以图片和视频为主，用户可以发布视频或者数量不超过9张的图片，还能带上文字和公众号文章链接，可直接通过手机发布内容。

同年，个人资料页多了一项"微信豆"。"微信豆"是用来兑换微信内虚拟物品和服务的道具，通过充值获取，可以供用户在微信视频号直播中购买虚拟礼物。

3. 微信小程序

小程序是一种不需要下载安装即可使用的应用，它实现了应用"触手可及"的梦想，用户扫一扫或搜索即可打开小程序。

4. 微信公众号

微信公众号是腾讯微信平台于2012年推出的为个人、企业、机构等提供的官方信息发布与互动服务平台，用户可通过微信客户端关注并订阅，实现信息接收、互动交流等功能。

5.1.4　微信营销的特点

下面从四个方面来阐述微信营销的特点，如图 5-3 所示。

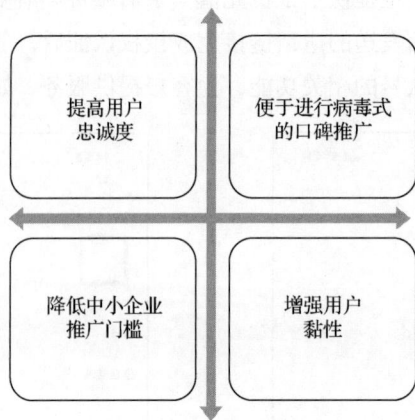

图 5-3　微信营销的特点

1. 提高用户忠诚度

随着用户规模不断扩大，微信成了特定社群成员间的主要沟通工具，目前人们常使用的微信群、微信公众号皆是社群时代的产物。

企业通过运营自己的微信公众号、微信视频号和小程序，能为用户提供高质量的产品和良好的服务，吸引用户群体，并能通过不断向用户群体推送优质内容，调动他们的积极性，让其参与到营销中来并对产品产生信任感和依赖感，从而提高他们对企业的忠诚度。

2. 便于进行病毒式的口碑推广

微信可将身边的人集中在一个平台进行互动，相较于其他社交平台，微信用户之间的了解程度与信任度更高，故微信所传播的内容的真实度也相对较高。这有利于企业进行病毒式的口碑推广。

企业通过提供有价值的产品和服务，让用户主动对其进行口碑推广，起到"营销杠杆"的作用，就能逐步实现人尽皆知、人人参与。

3. 降低中小企业推广门槛

传统的企业宣传推广是通过大量的广告投放来完成的，如电视广告、网页广告、百度搜索竞价排名等。这些宣传推广形式的效果不容置疑，但公域流量的获取成本太高、持续性较差，许多中小企业无法持续投入这笔庞大的费用。

目前，企业在微信上是可以获得免费流量的。中小企业通过运营一个优质的微信公众号和微信视频号，可以降低推广成本和获客成本，将重心放在产品研发与服务上，这为中小企业实现可持续发展提供了条件。

4. 增强用户黏性

企业使用微信进行营销时，可以开展一些带有互动性的活动，如投票调查、幸运转盘、抽奖等，并在节假日或企业的周年庆时吸引用户参与活动，让用户在参与活动的同时也获得一定的奖励，从而激励用户持续关注。

> **!!!温馨提示**
>
> 经营者从事经营活动，应当遵循自愿、平等、公平、诚信的原则，遵守法律和商业道德，公平参与市场竞争，履行消费者权益保护、环境保护、知识产权保护、网络安全与个人信息保护等方面的义务，承担产品和服务质量责任，接受政府和社会的监督。

课堂讨论

如果你想约朋友去看舞剧《只此青绿》，请问在以下哪些情况下你会用到微信？你会用到微信中的哪些功能？

例如：

信息共享、"种草安利"，活动策划，购买门票，分享打卡……

将讨论结果汇总至表 5-1。

表 5-1　观剧信息整理

场景	微信个人号	微信公众号	小程序	微信视频号	其他

信息共享、"种草安利"：①一般官方微信公众号上会有与《只此青绿》相关的图文信息等，用户可以直接通过"发送给朋友"分享；②通过微信个人号推送《只此青绿》打卡内容；③通过微信视频号分享打卡视频。

活动策划：①用户可以通过个人微信点对点地与好友私聊；②如果想组织多名好友一同前往，用户可以创建微信群与好友一起讨论；③如果没有特定的想一同前往的对象，可以发朋友圈询问。

购买门票：①通过官方微信公众号内的链接直接跳转至官网购买；②通过官方微信公众号直接购买；③通过官方微信公众号跳转至官方小程序购买；④用微信 App 扫描官方购票渠道生成的二维码进行购买。

分享打卡：①将记录下的唯美场景通过朋友圈、微信群分享；②如果开通了微信公众号，也可通过图文、语音等形式分享；③将打卡视频分享至个人微信视频号。

可见，个人微信、微信公众号是微信生态中紧密相连的部分，用户会在多个板块之间切换。这将极大地提升微信用户的忠诚度和黏性，也使微信在整个营销体系中具备较大优势。

同步训练

1. 微信如何改变你的生活？

_____

_____

_____

_____

2. 你使用过小程序或微信公众号（如"瑞幸咖啡""麦当劳""茶百道""Today 官方商城"）点餐吗？你使用过对应的 App 或在线下点过餐吗？试着分析微信公众号和小程序的优势有哪些，将其汇总至表 5-2 中。

表 5-2　分析微信公众号和小程序的优势

微信公众号的优势	小程序的优势

5.2　微信基础操作

5.2.1　注册个人微信

步骤 1：在应用商店下载并进入微信 App，点击"注册"，如图 5-4 所示。

步骤 2：填写"手机号注册"基本信息，如图 5-5 所示。

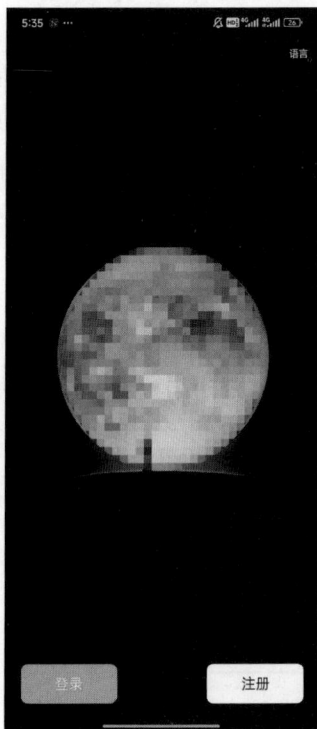

图 5-4　选择"注册"

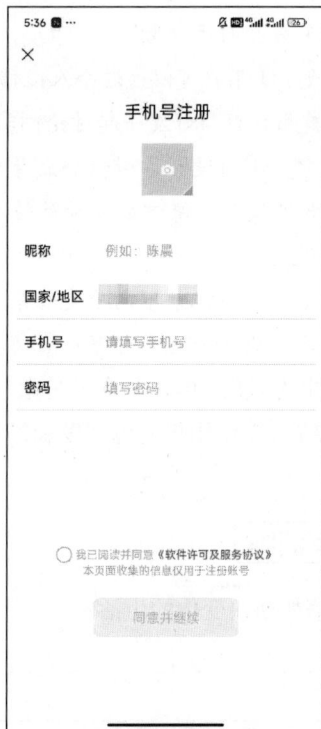

图 5-5　填写基本信息

步骤 3：核对注册信息，点击"我已阅读并同意《软件许可及服务协议》"，如图 5-6 所示。

步骤 4：阅读并同意"微信隐私保护指引"，如图 5-7 所示。

图 5-6　阅读并同意《软件许可及服务协议》　　图 5-7　阅读并同意"微信隐私保护指引"

步骤 5：点击并完成安全验证，如图 5-8 所示。

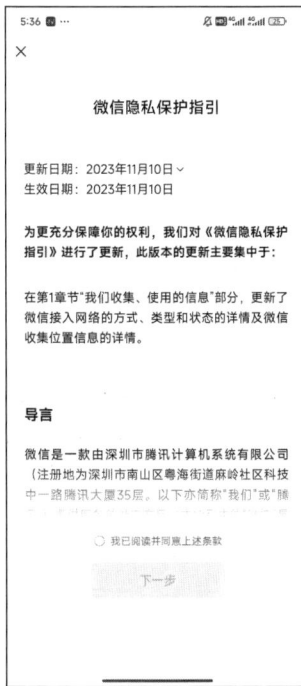

图 5-8　进行安全验证

步骤 6：照页面指引发送短信验证，发送完成后即注册完成，如图 5-9 所示。

图 5-9　注册成功

5.2.2　注册企业微信

步骤 1：在应用商店下载并进入"企业微信"App，同意"隐私保护指引"，如图 5-10 所示。

步骤 2：进入"登录"页面，如图 5-11 所示。

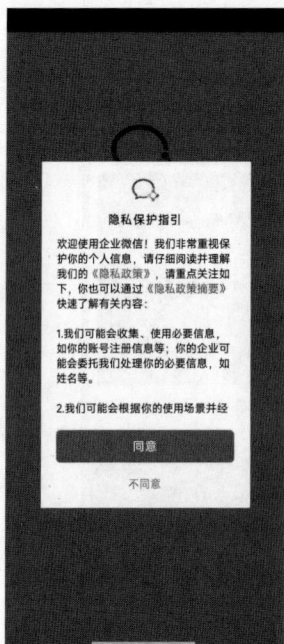

图 5-10　同意"隐私保护指引"

图 5-11　"登录"页面

步骤3：选择登录方式，手机号登录或是微信登录，如图5-12和图5-13所示。

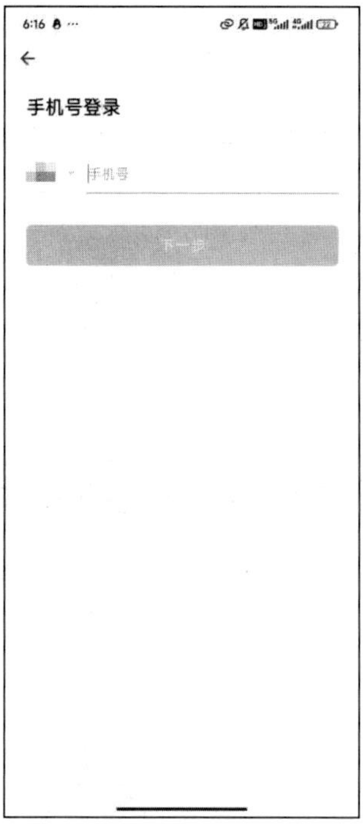

图5-12 选择手机号登录

图5-13 微信登录

步骤4：选择任一种登录方式，填写信息后即完成注册，进入企业微信主界面，如图5-14所示。

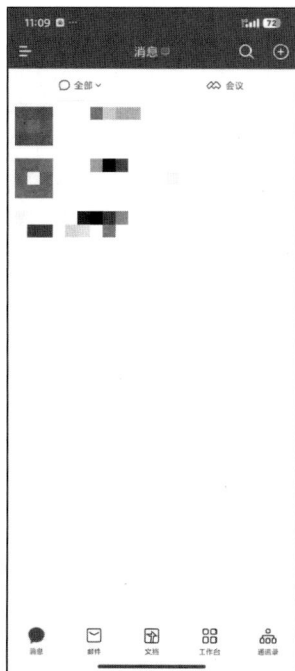

图5-14 登录成功进入主界面

5.2.3 如何申请微信公众号

步骤 1：打开微信公众平台官方网站，在页面右上角单击"立即注册"，如图 5-15 所示。

图 5-15　打开微信公众平台官方网站，单击"立即注册"

步骤 2：在注册界面单击"公众号"选项，如图 5-16 所示。

图 5-16　在注册界面单击"公众号"

步骤 3：在公众号界面填写"基本信息"，填写邮箱，激活邮箱后将收到验证邮件，回填邮件中的验证码，设置密码后注册，如图 5-17 所示。

图 5-17　填写"基本信息"

步骤 4：核对已填写的信息，同意并遵守《微信公众平台服务协议》及《微信公众平台个人信息保护指引》。确认无误之后，点击"注册"如图 5-18 所示。

图 5-18　同意并遵守《微信公众平台服务协议》及《微信公众平台个人信息保护指引》

步骤 5：选择个人/组织注册地，并点击"确定"如图 5-19 所示。

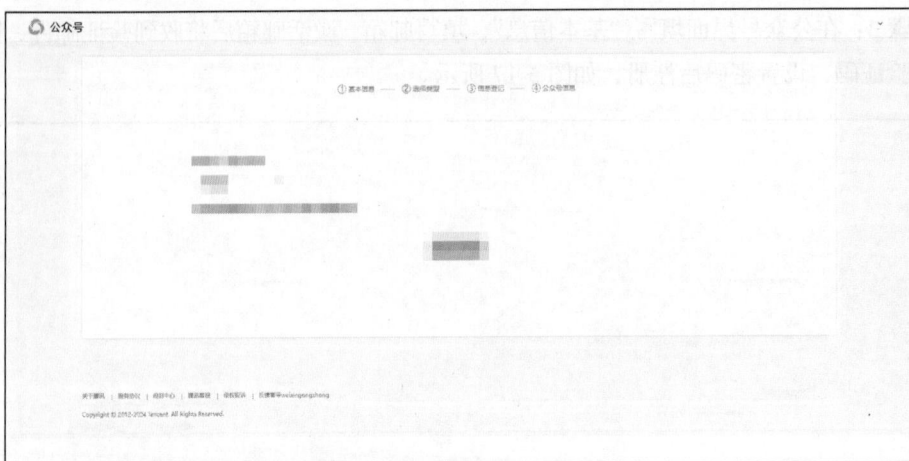

图 5-19　选择个人/组织注册地

步骤 6：根据自身需求选择账号类型，如图 5-20 所示，并确认注册类型，如图 5-21 所示。

图 5-20　选择账号注册类型

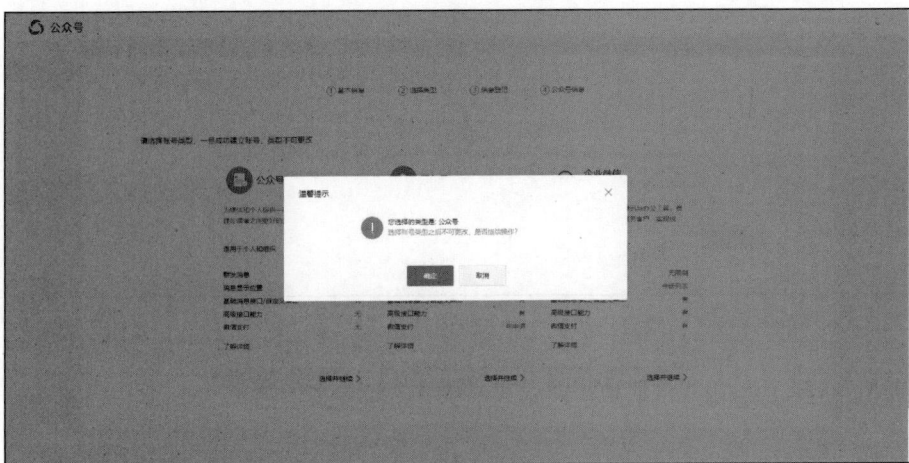

图 5-21　确认注册类型

步骤 7：以"个人"为例，在信息登记界面选择"主体类型"，确认无误后点击"下一步"，如图 5-22 所示。

图 5-22　选择主体类型

步骤 8：以"个人"为例，进行主体信息登记，如图 5-23 所示。

图 5-23　主体信息登记

步骤 9：在主体信息登记中填写相关信息，用手机微信 App 扫码绑定管理员本人的相关信息，通过人脸识别以证明身份，如图 5-24 所示。

步骤 10：扫码成功后，输入手机号码填入验证码，单击绿色按钮"继续"，系统会弹出再次确认主体信息的界面，再次确认，如图 5-25 所示。

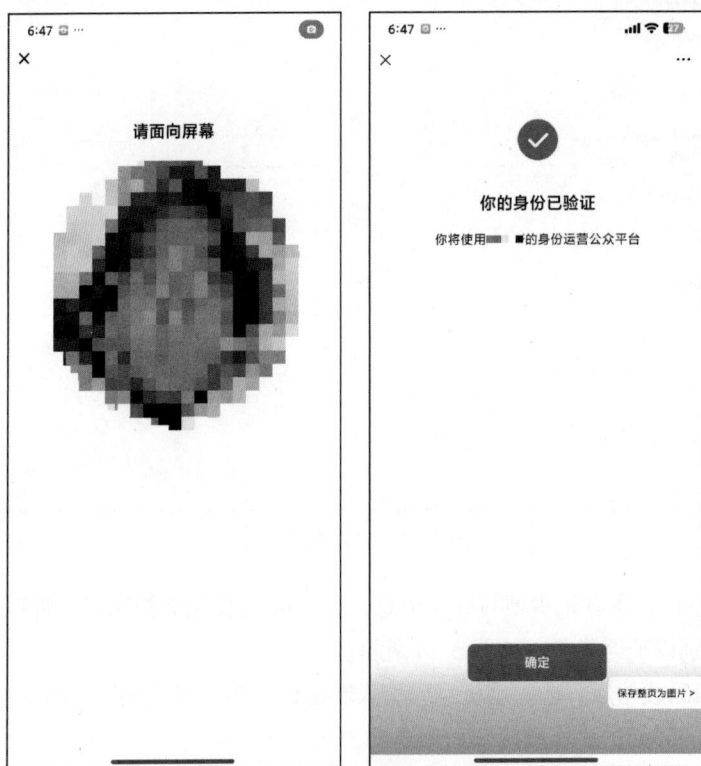

图 5-24　人脸识别验证身份

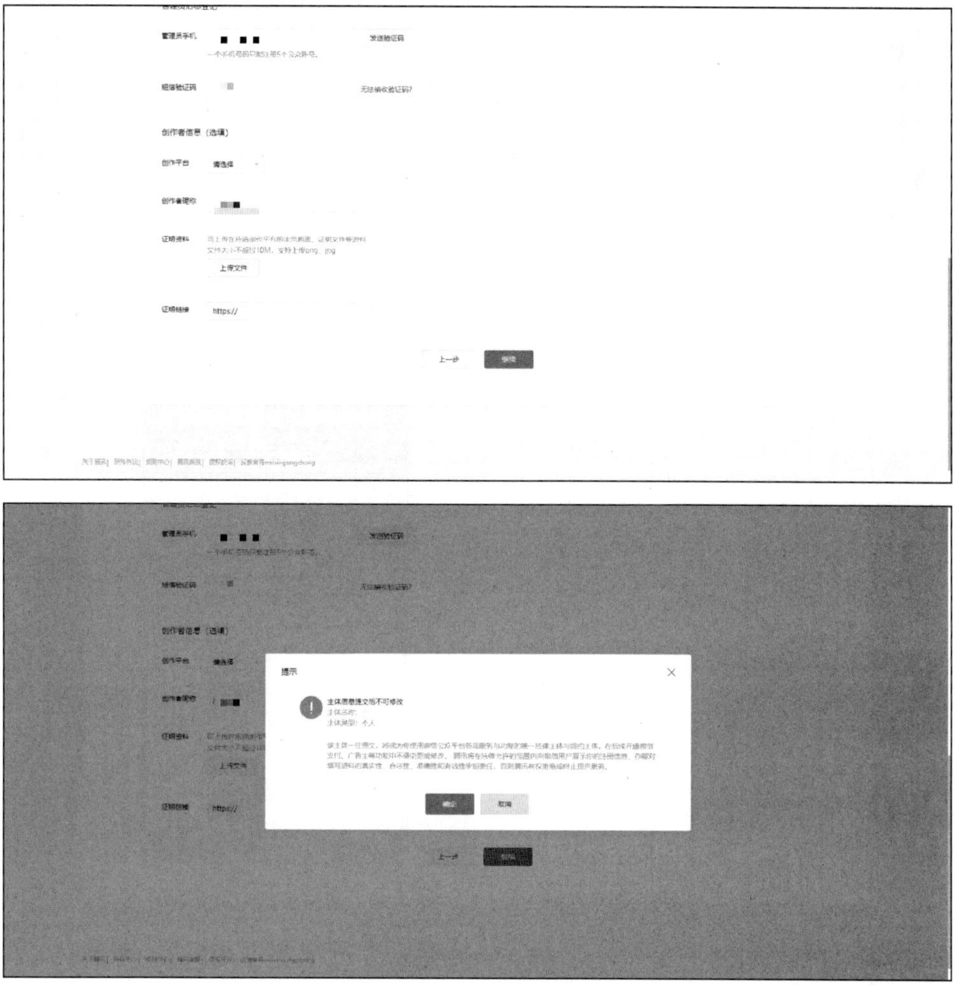

图 5-25　确定主体信息

步骤 11：确认完毕后，即代表注册成功，进入公众号的主界面，如图 5-26 所示。

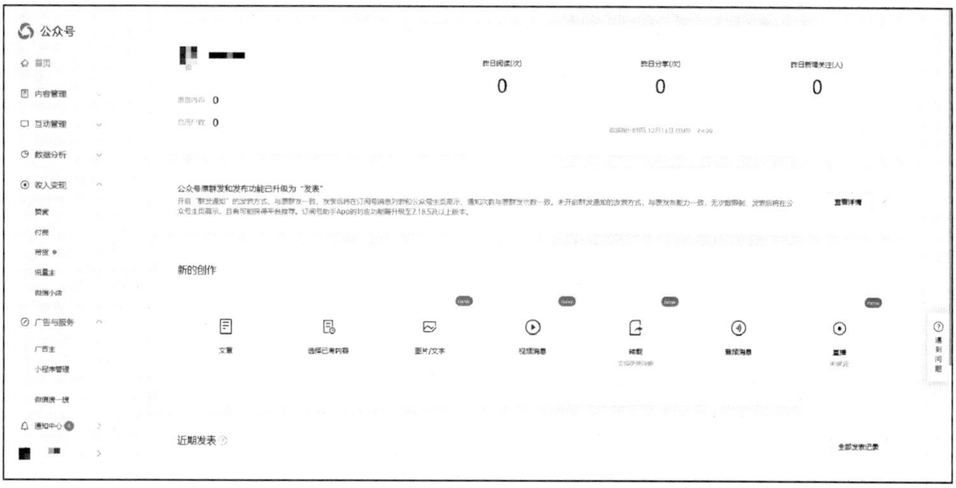

图 5-26　公众号主界面

5.2.4 如何申请视频号

1. 个人视频号申请

步骤1：打开微信App，点击下方菜单栏中的"发现"，选择"视频号"。如图5-27所示。

步骤2：进入后点击"我知道了"，进入"视频号"页面，如图5-28所示。

图5-27 选择"视频号"

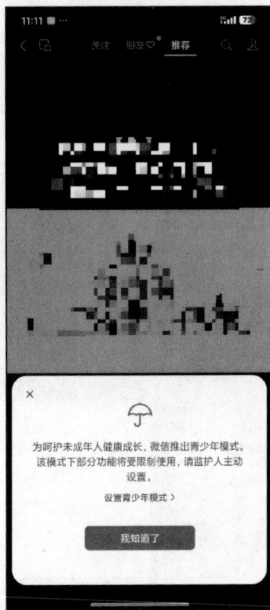

图5-28 进入"视频号"界面

步骤3：在打开界面中，点击右上角的"人形图标"，如图5-29所示。

步骤4：点击"发表视频"，如图5-30所示。

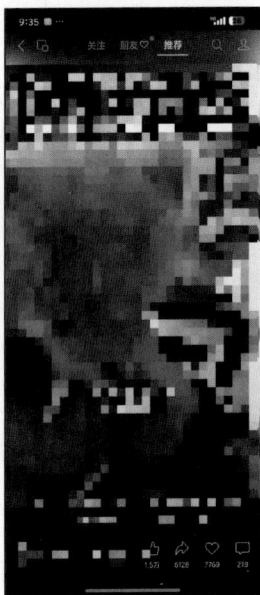

图5-29 点击"人形图标"

图5-30 点击"发表视频"

步骤 5：在打开的页面中，输入要创建的视频号的名字，设置"性别""地区"，选择是否在个人名片展示视频号，阅读并勾选"我已阅读并同意《微信视频号运营规范》和《隐私说明》"，点击"创建"，完成注册，如图 5-31 所示。

2. 企业视频号申请

步骤 1：打开微信 App，点击下方菜单栏中的"发现"，选择"视频号"。如图 5-32 所示。

图 5-31　完成视频号注册　　　　　图 5-32　选择"视频号"

步骤 2：进入"视频号"界面，点击"人形图标"，如图 5-33 所示。

步骤 3：进入页面之后，点击"创作者中心"，如图 5-34 所示。

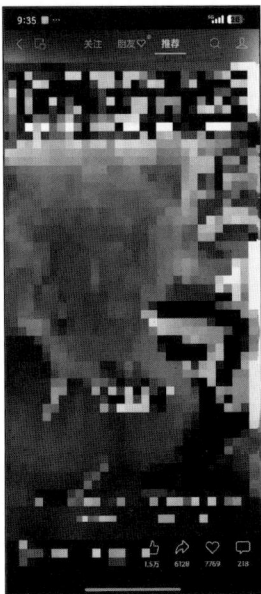

图 5-33　点击"人形图标"　　　　图 5-34　点击"创作者中心"

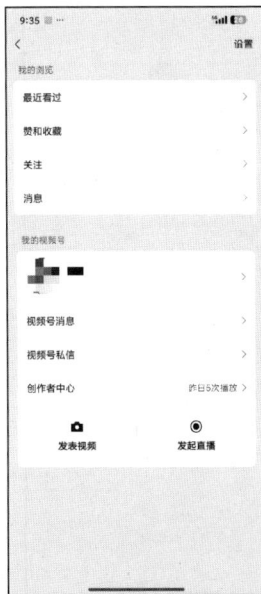

步骤 4：进入"创作者中心"，点击"更多"，如图 5-35 所示。

步骤 5：在"创作者服务"页面中，找到"认证"，点击并进入，如图 5-36 所示。

图 5-35　进入"创作者中心"页面

图 5-36　"创作者服务"页面

步骤 6：在视频号认证页面中，点击"企业和机构认证"，如图 5-37 所示。

步骤 7：进入该页面后，可通过两种认证方式完成认证，分别是公众号辅助验证和填写资料验证，如图 5-38 所示。

图 5-37　进入"视频号认证"页面

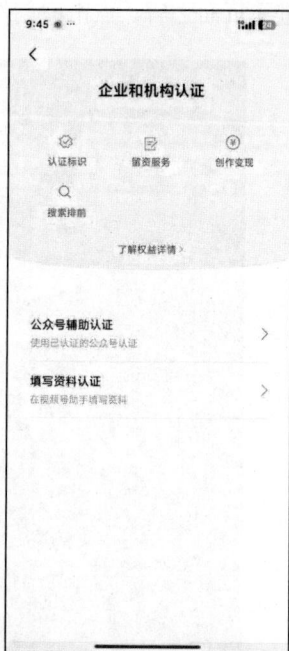

图 5-38　企业和机构认证页面

步骤 8：进入扫码确认操作页面后，点击"确定"，企业视频号注册成功，如图 5-39 所示。

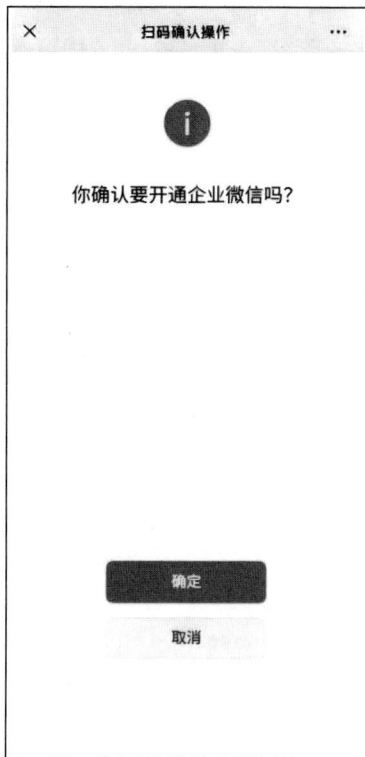

图 5-39　扫码确定操作页面

同步训练

根据以上操作步骤，分别注册一个微信公众号和微信视频号。

5.3　微信营销实战技巧

微信营销实战技巧主要包括三个方面：确定方向、做好内容、传播推广。

5.3.1　确定方向

1. 关注用户需求

（1）消费需求。

销售模式由消费需求决定。用户如果想要购买某些产品，一般会关注相应品牌的公众号，主动寻找意向产品并做出购买行为。通过微信公众号，用户能够进行购物、注册会员、充值和兑换积分等操作。

例如，"麦当劳""瑞幸咖啡"都是旨在满足用户消费需求的公众号。在"麦当劳"公众号中，功能菜单分为"优惠券""点餐外送""更多服务"。"优惠券"和公众号定期推送的内容相互呼应，如推送内容为"你的辣堡，9.9元啦!"，"优惠券"菜单中就会出现"狠辣过瘾，限时9.9元"选项，如图5-40所示。

图 5-40　麦当劳微信营销案例

（2）服务需求。

一般来说，企业开通微信服务号的目的主要是满足用户的服务需求。以"中国南方航空"微信服务号为例，有"快速预订""服务大厅""福利专区"三个功能模块，可以提供机票预订、酒店预订、用户订单查询、选座及登机牌办理、航班动态查询、机票退改、智能客服、入会/绑定等服务。这种一站式服务的体验远远比通过计算机登录南方航空官网并进行相应操作更好。南方航空对于微信公众平台非常重视，将其与官方网站、手机App、呼叫中心、短信一起列为自身的五大服务平台，如图5-41所示。

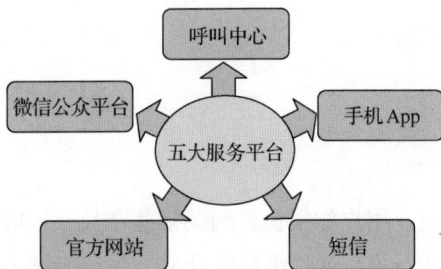

图 5-41　南方航空的五大服务平台

（3）内容需求。

现在几乎所有的企业和自媒体人都开始注册并运营微信公众号，他们通过优质的内容来吸引粉丝。这样的案例数不胜数，如"东七门""极目新闻""罗翔说刑法""蓝小姐和黄小姐"等，或许他们的用户群体有所不同，但相同的是他们都通过优质的内容输出吸引了大量的粉丝，满足了用户的内容需求。

为了更好地满足用户需求，企业和自媒体人必须熟悉用户群体的客观属性，包括地域、性别、年龄、行业特征等。

课堂讨论

你关注过以下公众号、小程序、视频号吗？你认为它们吸引的是哪些用户？将内容填至表5-3中。

表5-3　部分微信公众号、小程序、视频号的用户吸引情况

品牌	公众号	小程序	视频号
瑞幸咖啡			
麦当劳			
南方航空			
东七门			
极目新闻			

企业无论是为了树立品牌形象还是进行销售，无论是做内容还是提供服务，都有一个共同目标：使用户满意。要想成功运营账号，运营者首先需要知道用户需求是什么，并根据用户的年龄、职位等信息来设计账号的功能特色、服务模式和推送风格。

因而，运营者需要从用户的角度出发，熟悉用户，分析用户的属性，从而确定微信营销的方向。

2. 了解企业需求

课堂讨论

如果运营一个公众号，你的目的是什么？分析下列公众号的运营者有何需求，将内容填至表5-4中。

表5-4　不同公众号的运营目的

需求	学校	学校超市	学生社团
需要更多粉丝			
需要更多推广			
需要更多活跃粉丝			
需要销售更多产品			

通过对学校、学校超市、学生社团的不同运营需求进行分析，我们可以得出一些结论：学校需要进行更多的推广，以为学生提供指南、精准校园服务；学校超市希望更多地销售产品，以获取盈利；学生社团希望能吸引更多粉丝，开展各类活动，推广社团文化。

由此可见，运营者对微信公众号有不同的需求，但是总结下来无非是以下四种类型的需求，如图5-42所示。

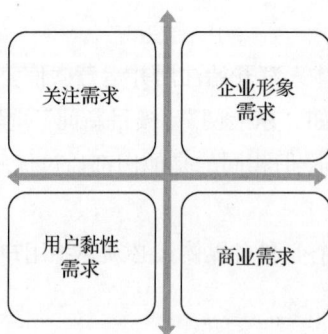

图 5-42　公众号运营者的四大需求

（1）关注需求。

企业希望通过微信公众号、视频号的内容传播与运营，得到用户关注，实现内容阅读量或播放量及企业粉丝数量的增长，从而获得直接或间接的商业回报。

（2）企业形象需求。

企业一般通过微信公众号、视频号推送图文、视频，通过高质量的内容强调企业的服务优、技术好与认知水平高，从而达到提升企业形象的目的。

（3）用户黏性需求。

新媒体和传统媒体之间最大的差异体现在及时性和互动性两个方面。通过用户的转发、评论、点赞、收藏等，企业加强了与用户之间的互动。通过互动，企业缩短了与用户的距离，增强了用户黏性。

（4）商业需求。

企业需要通过微信公众号、视频号实现内容的转化，如通过内容运营或开展活动，引导用户直接购买产品。

3. 差异化竞争

人们打开微信公众号搜索某些关键词时，会发现相同类型的公众号非常多，选择浏览哪个公众号是令人头疼的问题。公众号运营者把自己的公众号与竞争对手的公众号区分开，强调差异化的定位，是使自身得到更多关注的关键。

例如，一直以来，中国的白酒品牌都将 30～60 岁的男性作为主要消费人群，因为他们的消费量大。而江小白的品牌定位是"年轻人的青春小酒"，重视青年人市场，从而抓住了"90 后"等消费群体。其在包装上没有采用传统白酒的风格，而是采用了简洁时尚的包装，勾画了一个"90 后"男孩的卡通人物形象。这一形象能够使消费者产生强烈的情感共鸣，配上简短幽默的文字，更显独特，让江小白赢得了年轻消费者的喜爱与青睐。江小白还开创了白酒的一系列时尚喝法，使自身拥有较好的市场前景。

5.3.2　做好内容

1. 基础设置技巧

无论是微信个人号、微信公众号、微信视频号还是小程序，都需要做好基础设置。基础设置包括头像、昵称、个性签名三个方面。用户根据这些信息可以快速地判断这个微信账号的功能，进而决定是否接触、关注，所以做好基础设置是很有必要的。

（1）头像。

课堂讨论

在不看名称与内容的情况下，图 5-43 所示的三个头像会让你觉得对应的微信账号的功能是什么？

图 5-43　头像示例

头像是微信账号给用户留下的第一印象。一个优质的头像可以在第一时间向用户直观地传达微信账号的内容创作方向、调性、专业程度等信息，从而帮助用户快速判断当前这个微信账号是不是自己想要的、要不要关注这个微信账号等。另外，精美的头像还会向用户传达"这是一个用心经营的微信账号"等信息。

对于已经建立的品牌，使用品牌标志作为头像可以让微信账号与品牌产生关联，使微信账号被粉丝快速识别，从而降低推广成本。个性化的头像还可以鲜明地展现微信账号的内容风格。

下面介绍一些常用的微信账号头像类型。

简洁型：这类头像通常只采用品牌或企业名称中的一个关键字或关键词，再搭配饱和度高的纯色背景，具有极高的辨识度，如图 5-44 所示。

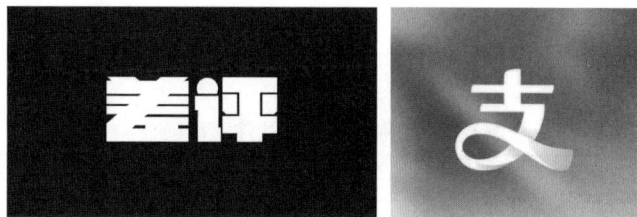

图 5-44　"差评"与"支付宝"

账号名称型：这类头像是简洁型头像的一种延伸，在将账号名称图像化的同时，增加一些设计元素（如点缀素材、更丰富的背景色彩等），如图 5-45 所示。

图 5-45　"光谷公安"与"侠客岛"

商标型：这类头像适合致力于推广某产品的账号。商标一般都是经过专业设计的，在提高传播度等方面有优势。同时，商标可以在第一时间向用户传达微信账号的内容方向、专业程度等信息，如图 5-46 所示。

图 5-46 "小米"与"安踏"

形象图像型：若利用某些"灵魂人物"的形象作为头像，一方面可以利用"名人效应"自动"吸粉"，另一方面可以很容易地使当前账号与其他账号区分开来。用卡通形象作为头像也容易"吸粉"，同时很容易使账号在用户心中变得具体化、形象化，如图 5-47 所示。

图 5-47 "冷兔"

（2）昵称。

昵称是微信账号的重要标识，好的昵称可带来较大的搜索流量。在微信个人号和微信视频号中，昵称可以重名，但用户名不行；在微信公众号和小程序中，昵称和用户名都必须是唯一的，如表 5-5 所示。

表 5-5 昵称与用户名的注意事项

分类	微信个人号	微信公众号	微信视频号	小程序
昵称	可重复	不可重复	可重复	不可重复
用户名	不可重复	不可重复	不可重复	不可重复

在设置昵称时，需注意以下三个要点。

一是品牌名一致。如果品牌已经有较高的知名度，就应当使用和品牌名一致的昵称。这种命名方式适用于企业、学校、名人等的账号，如命名为"武汉软件工程职业学院""光谷公安""湖北电信""海底捞火锅"等。

二是功能类型。如果品牌知名度较低，为了让用户更容易记住并传播品牌，应该尽可能地在昵称中加入体现品牌功能的文字，如"速停车""武汉万德体检"等。

三是搜索便捷。在设置账号的昵称时，要方便用户快速输入和搜索，不要使用难拼写、难认读的生僻字，这样更有利于账号的传播。

为微信账号设置昵称有哪些技巧？

一是要好记。昵称应是通俗易懂、朗朗上口的，不能读起来太拗口，这样不利于用户记忆，会使用户无法产生关注微信账号的欲望。基于"熟悉的比陌生的更容易记忆、具体的比抽象的更容易记忆"这一原则，用建筑、植物、动物命名也不失为一种好的命名方式。

二是要针对目标用户。微信账号运营者可以根据用户画像命名，如从地域入手的"武汉吃喝玩乐""奋斗在上海"，从用户偏好入手的"汪星人"等。

三是要包含关键词。提到关键词，就需要引入一个概念——搜索引擎优化（Search Engine Optimization，SEO）。SEO 可提高网站的搜索排名，排名提升了，网站就更容易获得免费搜索流量。SEO 的核心是设置关键词，所以运营者在设置昵称时就需要设置搜索频率高的关键词。

（3）个性签名。

如果说昵称是企业或品牌的名字，那么个性签名就是企业或品牌的口号。口号有时候甚至比名字还重要。例如社区生鲜连锁品牌"钱大妈"，乍一听可能觉得这个名字不是特别好，但它的口号"不卖隔夜肉"就很响亮了，可以直接促使一部分用户产生关注和购买欲望。

个性签名可以很好地输出品牌价值，如"湖北应急管理杂志"的个性签名是"湖北应急管理与安全生产宣传教育主阵地、主平台"，品牌价值一目了然。

总的来说，个性签名要尽可能围绕着品牌定位去设计。运营者要注意发散思维，敢于想象与创新，善于诚恳地向用户精准地表达品牌态度。

2. 内容创作技巧（以微信公众号为例）

（1）自动回复设置。

自动回复类型及说明如表 5-6 所示。

表 5-6　自动回复类型及说明

自动回复类型	说明
被关注后的自动回复	在微信公众平台，我们可设置文字、音频、图片、视频为被关注后的自动回复内容。 在设置被关注后的自动回复内容后，用户在关注公众号后就会收到设置的文字、音频、图片、视频。 设置好自动回复内容后，我们也可根据需要进行修改或删除
收到消息后的自动回复	在微信公众平台，我们可设置文字、音频、图片、视频为收到消息后的自动回复内容。 在设置收到消息后的自动回复内容后，用户会在发送消息后收到事先设置的文字、音频、图片、视频。 注意事项如下。 ①自动回复频率：1 小时内回复 1～2 条内容。 ②暂不支持设置针对图片、网址的自动回复。 ③自动回复只能设置一条信息
关键词自动回复	在微信公众平台，我们可为相应的关键词添加对应的自动回复内容。 设置关键词自动回复时可以添加规则（最多为 60 个字）。用户发送的消息内如果有设置的关键词（不超过 30 个字，并可设置关键词全匹配才生效），则系统会将提前设置的符合相应规则的内容自动发送给用户。 注意事项如下。 ①字数限制。微信公众平台认证与非认证用户在设置关键词自动回复时，可添加的规则数量上限为 200 条，每条规则下最多设置 10 个关键词、5 条回复（每条回复不超过 300 个字）。 ②规则设置。同一规则下可设置多条回复，如设置了"回复全部"，且用户发送的信息中含有提前设置的关键词，则系统会将提前设置的多条回复全部发送出去；若未设置"回复全部"，系统则会随机进行回复

一般来说，设置被关注后的自动回复时需注意以下两个方面。

① 让用户了解自己。

一是表达服务内容，即通过简单、个性化的介绍，在用户关注自己后，把自己的主要服务内容反馈给用户。

例如"国家税务总局"被关注后的自动回复内容是："亲，你来啦！感谢关注国家税务总局微信♡我们会及时为你推送政策信息、服务举措，也会关注你的留言和需求。现在，请戳右上角，看看历史消息有没有你喜欢的内容吧。"

二是培养使用习惯。公众号可以通过发送信息帮助用户培养符合本公众号逻辑的使用习惯。

例如"罗辑思维"被关注后的自动回复内容曾经是："来了？坐。罗振宇每天早上发一条语音，推荐一篇有洞察的清单，已经连续陪伴大家 3300+天。从今天开始，罗辑思维就是你的成长伴侣，咱们一起往前走。"

三是彰显品牌个性。自动回复作为第一条互动信息，要体现品牌的特点，以符合品牌风格的表达手法，彰显品牌的个性，从而达到吸引用户的目的。

例如"蓝小姐和黄小姐"被关注后的自动回复内容是："您好，欢迎关注'蓝小姐和黄小姐'。这是一个有趣有料的女性号。我们感兴趣的是明星、时尚、情感、两性、名利利场……我们做所有关于这个世界的小小角度报道。"

② 与用户产生互动。

一是引导回复。每一个公众号都有自己的使用逻辑和目标用户，针对这些用户设置合理的自动回复，可以使用户与公众号产生更多互动，增强用户的兴趣。

二是引导查看历史消息。在新用户关注后，公众号可通过自动回复引导其查看历史消息，增强其黏性。

三是引导查看菜单。公众号的菜单能为用户提供大量服务，因此公众号需要通过自动回复在第一时间引导用户查看菜单，吸引用户今后更多地使用该公众号。

四是引导用户关注更多关联账号。目的是为自己的其他产品、网页、App、小程序等引流。

（2）内容生产。

① 内容生产方式。

公众号内容生产主要有三种方式：一是自己创作内容；二是通过正规渠道转载内容；三是招募写手创作原创内容。

自己创作内容即公众号运营者独立完成创作，而非改编、翻译、注释、整理他人已创作并发表的内容。原创内容最易吸引粉丝关注，获得粉丝喜爱。很少有公众号能够持续输出高质量的原创内容，所以微信公众平台始终在保护原创内容。原创内容的生产方法将在项目 8 着重讲述。

如果不能持续高质量地输出原创内容，那么很多公众号的运营者会选择从正规渠道转载与主题相符的内容来缓解创作压力，但是一定要注意转载流程的规范性。运营者可以关注以下两类渠道：微博、知乎、豆瓣、小红书、抖音等社交媒体，网易、新浪、腾讯、百度、今日头条等新闻客户端，如图 5-48 所示。

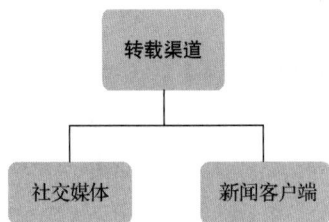

图 5-48 转载渠道

对于想持续输出高质量原创内容的公众号，招募写手创作原创内容是一个非常好的方法，这样可以保证公众号源源不断地输出原创内容。与前文提到的转载同主题原创内容不同，公众号运营者可以与招募的写手达成长期合作关系。需要注意的是，招募写手是为了获得原创内容，因此，在招募写手的时候，一定要强调内容的原创性，如果对方的文章已经在别的公众号打上了原创的标签并发布，那么就不能将该文章作为原创内容发布在自己的公众号上，否则会面临侵权问题。

② 内容差异化展现技巧。

目前公众号内容的常用展现形式为文字和图片，但是长期单一的图文形式会让用户产生视觉疲劳，因此公众号运营者要注重差异化地展现内容，可用图文形式、音视频形式或互动游戏形式等展现内容。具体呈现方式如下。

因为具有扁平化、易于传播、便于阅读等众多优势，图文内容成为微信公众平台内容制作的主要形式。有时候，图片可以比文字更加直观地展示一个故事或场景，生动的图片可以让公众号变得有趣活泼。例如，"冷兔"的每一条推送都会配上一张有趣的图片，往往能让用户会心一笑。

互动游戏形式是微信公众号内容展现的形式之一。例如"故宫宫廷文化"，为推广其丰富的宫廷文化内容，设计一款名为"宫廷小剧场"的互动游戏。通过模拟宫廷生活的场景，让用户在游戏中扮演不同的宫廷角色，如皇帝、皇后、宫女等，体验宫廷礼仪、服饰搭配、宫廷斗争等文化元素。在游戏中，用户需要完成一系列的任务和挑战，如选择合适的服饰参加宴会、处理宫廷事务、与其他角色进行互动等，增加游戏的趣味性和互动性。

!!! 温馨提示

当向消费者发送广告时，应当遵守《广告法》的有关规定。

---

③ 菜单设计技巧。

运营者可以为公众号设置自定义菜单，并为其设置响应动作。用户点击菜单，可以做出运营者设定的响应动作，如收取消息、跳转到网页、跳转至小程序等。

公众号菜单的本质就是检索工具，就像一本书的目录，用户可以通过目录快速检索自己想要的内容。通过菜单，用户还可以直接获取服务，因此菜单也是服务的入口和通道。

运营者设计菜单时一定要站在用户的角度，以用户的需求为主。

一个公众号最多创建三个一级菜单，一级菜单名称不能多于四个汉字或八个字母；每个一级菜单下最多可创建五个子菜单，子菜单名称不多于八个汉字或十六个字母。

下面介绍设计菜单的六个技巧。

一是提供精选内容目录。精选内容的目录是菜单的"标配"，同时也是用户最基本、最高频的需求内容之一。公众号的历史文章可能有成百上千篇，运营者应精选一些值得用户反复阅读的文章做成合集，并将其放在菜单中，方便用户阅读。这样既可以增加新用户对公众号的好感，同时也可提高老用户的忠诚度。

二是把核心服务做到极致。运营者一定要把公众号的核心服务放在菜单中，直接向用户展示自己的优点，让用户可以通过简单的方式获取优质的服务。同时运营者需要进行换位思考，根据不同的服务给用户设置不同的菜单，满足用户的不同需求。

三是提供联系方式获取入口。用户若想和公众号合作，如投稿等，就需要获得运营者的联系方式，运营者将获得联系方式的入口直接放在菜单中，可以给用户提供便利。

四是让用户了解账号的更多信息。运营者可以通过发表文章来分享账号创始人、账号初心、作者团队、经营理念、账号价值观、账号使命、账号成立时间、至今取得的成绩和获得的荣誉等内容，帮助用户进一步了解账号，拉近账号与用户的距离。

五是推荐其他内容服务载体，如 App、网站等。

六是推荐近期主推活动、服务及产品，但信息更新频率要高。

总而言之，对于自定义菜单，运营者需要结合公众号的功能定位及目标用户高频需求，根据对市场痛点的分析结果进行设置，这样才能更好地吸引用户。

3. 内容运营误区

公众号内容运营中的常见误区有八个，具体如下。

误区 1：无差别加好友。

绝大多数微信用户都收到过莫名其妙的好友申请，通过好友申请后看对方的简介、朋友圈才知道对方原来是某产品的代理商。

加好友的目的是发展用户，运营者在加好友之前应先想清楚对方是不是产品的目标用户。

误区 2：只关注前期的涨粉情况，不在乎后期的粉丝黏性。

维持粉丝活跃度与黏性，是在粉丝规模扩大之后必须持续进行的。哪怕是精准粉丝，也可能因为运营者的冷漠对待而离开，毕竟市场上类似的公众号还有很多。

运营者要持续保持与粉丝的信任关系，加深连接，深度挖掘粉丝需求，使粉丝为产品背书。另外，运营者要用投资的心态做销售，认识到自身与粉丝的关系绝不仅仅是简单的买卖关系，应主动与粉丝建立双赢的关系。

误区 3：认为"微信营销=公众号运营"。

公众号是一个很好的宣传和打造品牌的平台，但是运营效果远不如微信。

正确的理解是：公众号+个人号=微信账号矩阵。

运营者用公众号输出内容，吸收流量，再将粉丝迁移到微信个人号集中维护，就能实现用户留存的最大化。

误区 4：在朋友圈不停刷屏博关注。

运营者常常因希望吸引用户关注而输出大量的朋友圈内容和重复的公众号内容，这可能会导致用户屏蔽运营者的朋友圈，甚至删除好友、取消关注公众号。

误区 5：只关注产品，不关注用户需求。

运营者通常只会单纯地介绍产品或者只是对自己的产品极尽赞美之词。前者是让用户自己去分析和发掘产品的好处，后者则想凭借几声吆喝就让用户购买。

所有产品的宣传工作要包含产品和用户两个维度。产品维度是指要介绍产品的特点、案例，用户维度是指要提升用户体验、收集用户意见、不断满足用户需求。

误区 6：营销内容"五花八门"，毫无意义。

进行微信营销之前，运营者必须明确打造内容的目的：吸引用户关注、激发用户情绪、与用户形成互动闭环。

所以，无论是朋友圈内容、公众号内容还是视频号内容，运营者都必须针对用户打造自己的个人 IP，否则只是在消耗用户的关注和信任。

误区 7：营销内容过于单一，无吸引力。

微信内容若十分单一，只与产品有关，则会让用户觉得这个微信账号只是在卖产品，没有其他价值。

设想一下，假如两个商家销售同一款产品，前者只是不断地宣传产品，后者除了宣传产品，还会分享一些专业知识、美好生活的瞬间，展示个人才艺，那么大家更容易记住前者这个"卖货机器人"，还是专业、热爱生活且多才多艺的后者呢？

运营者应让用户成为粉丝，而不仅仅是一个消费者。

误区 8：言论不当，有损个人 IP 形象。

在通过微信账号表达观点时，运营者要记住两点：理智、正能量。

有的人为了打造自己的 IP，会在微信中发布与时事热点相关的评论。批判不良现象是应该的，对打造个人 IP 也很有益，但也要注意方法，过激的言论反而有损个人 IP 形象。

5.3.3 传播推广

1. 初期推广技巧

随着微信营销账号数量的不断增加、用户品位的不断提高，微信营销初期的推广运营变得越来越困难。掌握初期推广技巧，如图 5-49 所示，有利于培养"种子用户"。

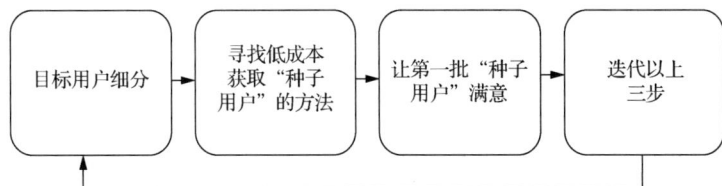

图 5-49　初期推广技巧

"种子用户"是微信营销初期积累的用户，其核心特征是质量高、活跃度高、影响力大，因此"种子用户"是拥有巨大成长潜力的用户。

微信营销运营初期的核心就是维护这批愿意分享、善于互动并且能主动传播的"种子用户"。

那么如何找到"种子用户"呢？主要有以下四个步骤。

（1）目标用户细分。

在移动互联网时代，用户需求越来越个性化，满足小众用户垂直需求的精品才能获得长期发展。因此，运营者首先要充分开展市场调研，对目标用户进行细分。

（2）寻找低成本获取"种子用户"的方法。

除了选择同业合作伙伴、邀请"网红"等高效获取"种子用户"的方法，运营者还可以寻找其他低成本获取"种子用户"的方法。例如，如果微信公众号是为大学生服务的，那么运营者可以去大学生经常聚集的地方发传单、设咨询台，也可以去大学做宣讲等。另外，让"种子用户"在其他社交平台扩散营销内容，通过人际关系传播也是一个低成本获取"种子用户"的渠道。

（3）让第一批"种子用户"满意。

让第一批"种子用户"满意的前提是微信公众号的内容及用户体验没有问题。在微信公众号运营初期，运营者应当精心选择符合典型用户需求的内容，锁定"种子用户"。

（4）迭代以上三步。

运营是需要花费时间和精力的工作，既然选择了低投入、高效执行的推广手段，那么就不能心急。因此，运营者要学会坚持，在整个微信公众号运营初期定位用户、找到用户、引导用户，然后不断重复优化这个过程。

2. 发展期推广技巧

经过初期推广，有了"种子用户"的分享传播，微信公众号会积累一定的粉丝量。这时，微信公众号便步入了发展期。发展期的推广相对来说容易一些，关键在于找准发力点。运营者可以站在用户的角度思考，提供用户感兴趣的内容。

在发展期，运营者应当为自己设立一个既可达到又有挑战性的关键绩效指标（Key Performance Indicator，KPI），如粉丝的二次增长数量。运营者可以通过微信个人号、微信公众号、微信视频号和小程序形成用户生态闭环。另外，发微信红包也是引流方法之一，这不仅能回馈忠实用户，还能吸引其他用户围观。

经过初期和发展期的推广，当市场需求趋于饱和、粉丝增长速度逐渐放缓时，微信营销将进入一个相对成熟的阶段。这个时候，运营者需要进行微信联盟推广，进行相关号合作互推、举办线下推广活动等。

同步训练

5～6人组成一个团队，通过头脑风暴和团队协作，确定一个主题，创建一个微信公众号，完成相关设置并发表原创作品。运营一周后将相关信息填至表5-7中。

表5-7　微信公众号运营情况

微信公众号名称	主题	关注量	发布内容数	阅读量

课后案例拓展

"招商银行"微信公众号案例分析

1. 微信公众号介绍

招商银行是利用微信公众号成功营销的一个典型案例。招商银行是最早在微信营销上发力的银行之一，早在 2013 年 3 月末，招商银行就率先推出了信用卡微信客服，同年 7 月，又推出"微信银行"。

2. 基础设置

（1）头像：使用招商银行的商标作为头像，可以很直观地表现该微信公众号与招商银行的联系。

（2）昵称：与品牌名称一致，可以直观地表明该微信公众号提供的内容。

（3）介绍：无介绍。

2024 年的"招商银行"微信公众号页面如图 5-50 所示。

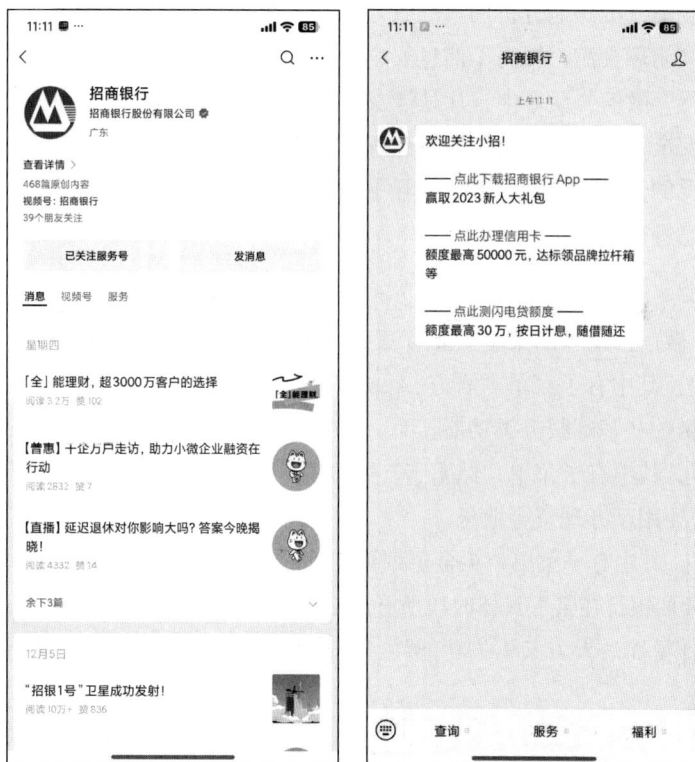

图 5-50　2024 年的"招商银行"微信公众号页面

3. 关注回复设置

"欢迎您关注小招！——点此下载招商银行 App——赢取 2023 新人大礼包——点此办理信用卡——额度最高 50 000 元，达标领品牌拉杆箱等"。用户在关注"招商银行"微信公众号后，会在第一时间收到上述回复。

在这段话中，第一句通过可爱的昵称让语言变得有温度；第二句和第三句是在为招商银行App做推广，这表明招商银行注重打造多平台生态；第四句和第五句是在为信用卡做推广。

4. 内容特色

（1）使用智能客服，降低服务成本。

"招商银行"微信公众号使用智能客服，通过提供自助和互助服务有效节约成本。微信推送信息图文并茂，极大地增强了用户的阅读兴趣。另外，微信公众号还能通过节省纸质账单、低成本办卡等方式降低服务成本。

（2）提升用户体验，培养用户使用习惯。

有了"招商银行"微信公众号，用户可通过关键词随时查询账单，办理挂失业务等。通过网点查询功能，用户能够查询营业网点当前的排队人数，并进行网上预约，从而省时高效地办理业务。微信公众号的无卡取款服务更是大大方便了用户对资金的使用。

（3）实现精准营销，收集并挖掘用户数据。

"招商银行"微信公众号能准确捕捉用户，并应时应地地推送相关的优惠活动信息，这使招商银行能够以最低的成本实现有效的促销。此外，"招商银行"微信公众号还能通过对用户消费习惯数据的收集，准确地分析用户的收入状况，从而向用户推送更加合适的理财产品。

（4）私密空间闭环交流，提高了信息安全性。

在"招商银行"微信公众号中，凡是涉及客户私密信息的，均跳转到手机银行后台进行处理，保障了信息安全，既可防止数据被截获解密，也可防止其他手机使用者在微信记录中看到关于用户资金状况的信息。同时，用户打开手机银行超过一定的时间未操作，手机银行后台也将自动对账户信息进行清除。

5. 菜单设计

"招商银行"微信公众号的菜单主要有三个，分别是"查询""服务""福利"。

点击"查询"，其中有子菜单"官方 App""服务指南""我的账单""小招客服"。这个菜单主要为用户提供一些基础服务类功能。

点击"服务"，其中有子菜单"储蓄卡""信用卡""买理财""闪电贷至高 30 万""扫码取款"。这个菜单主要用于办理资金业务。

点击"福利"，其中有子菜单"买金更划算""评论抽奖""工资福利""推荐有礼"。这个菜单主要用于呈现招商银行在某一具体时段所开展的活动，以增加与用户的互动，增强用户黏性。

三个菜单设计得简洁大方又不失功能性，既高度符合品牌形象，又拉近了与用户的距离。

学有所思

结合"招商银行"微信公众号案例，谈谈你对微信公众号如何提供便民服务的想法。

_____

_____

_____

_____

使用 AIGC 工具策划微信公众号运营方案

随着"双十二"购物节的临近，各大品牌纷纷摩拳擦掌，准备借此机会推出各种促销活动。此时，健康食光微信公众号也决定抓住这一时机，结合其专注的健康饮食理念，为 25～40 岁间注重健康生活的健身爱好者和上班族策划一场别开生面的"双十二"健康饮食主题活动。为了更高效、创意地策划这场活动，团队决定使用 DeepSeek 来辅助制定运营方案。

1．实训要求

（1）工具选择：使用至少一款 AIGC 文案生成工具，如 DeepSeek。

（2）数据分析：通过数据分析工具实时监测和分析微信公众号运营数据，包括用户增长、文章阅读量、互动情况（点赞、评论、分享等）等关键指标，以优化活动策略。

2．实训操作

（1）明确意图：利用 DeepSeek 为健康食光微信公众号生成一个具有吸引力、实效性且紧扣"双十二"购物节氛围的健康饮食主题活动方案。活动目标在于提升公众号的用户参与度、增强用户黏性，并推动健康食品及相关产品的销量增长。

（2）设计指令：形成具体指令，例如，健康食光微信公众号专注于推广健康饮食理念、分享营养食谱、推荐健康食品品牌。目标用户是对健康生活感兴趣的年轻人（25～40 岁），尤其是注重饮食健康的健身爱好者和上班族。结合"双十二"购物节，计划策划一场健康饮食主题活动。活动平台将主要在微信公众号上展开，同时也会在社交媒体平台（如微博、抖音等）进行推广。请根据这些信息，为健康食光微信公众号生成一个健康饮食主题活动方案。

（3）发送指令：打开 DeepSeek 页面，在底部的文本框中输入要求，并按"Enter"键发送，查看给出的营销策略，如图 5-51 所示。

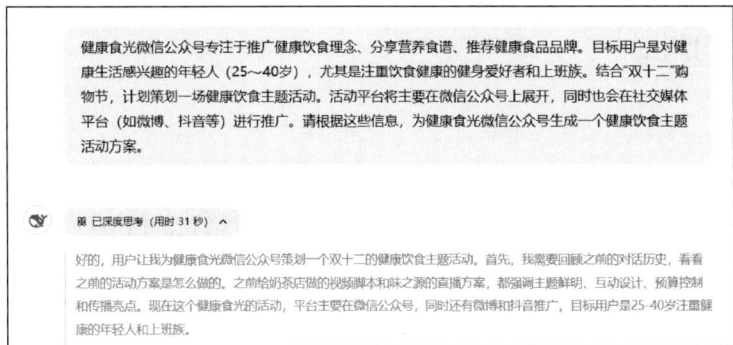

图 5-51　DeepSeek 策划微信公众号运营方案

项目6 内容电商平台营销

如果要在迄今为止的电商发展史中画一条线，那这条线的两端分别是传统电商和内容电商。二者的区别是传统电商是让消费者搜索、浏览、对比之后进行消费，内容电商则是通过优质内容的传播进而引发购买。本项目通过认识内容电商、内容电商平台基础操作、内容电商平台营销实战技巧三个板块，来帮助大家学习内容电商的相关知识。

学习目标

价值塑造：遵守《电子商务法》；遵守电商平台规则；培养诚实守信的职业道德和文明礼貌的网络素养。

知识掌握：掌握内容电商和传统电商的区别。

能力提升：能使用内容电商平台开展营销策划；能制作视频或图文内容。

课前线上学习

在线资源学习

请同学们在课前自主学习在线课程，扫描右侧二维码即可开始学习。

自主学习测试

一、单选题

1. 下面哪项不是内容电商的特点？（   ）

   A. 从产品到用户　　　　　　　　　　B. 从价格到价值

   C. 从产品到场景　　　　　　　　　　D. 从促销到内容

2. 基于（   ）的内容电商指的是内容电商平台通过各种激励措施吸引接纳内容原创者加入，并积极进行内容创作。

   A. UGC　　　　　B. PGC　　　　　C. EGC　　　　　D. OGC

3. 内容电商运营时，内容分享要有（   ）。

   A. 价值　　　　　B. 产品　　　　　C. 系统　　　　　D. 定位

1. 进行内容电商运营时，优化内容的技巧有（　　　）。
   A. 用新闻助力传播　　　　　　　　B. 用悬念引发好奇心
   C. 用故事拉近距离　　　　　　　　D. 抓住痛点，贴近用户
   E. 用促销打动人心
2. 进行内容电商运营时，变现的途径有（　　　）。
   A. 内容付费　　B. 广告变现　　C. 媒体电商
   D. IP 变现　　E. 社群经济
3. 进行内容电商运营时，具有悬疑感的内容要做到（　　　）。
   A. 内容有分寸　　B. 符合常识　　C. 产品嵌入自然　　D. 剧情跌宕
4. 进行内容电商运营时，可以变现的是（　　　）。
   A. 入口价值　　B. 产品价值　　C. 标签价值　　D. 消费引导

课中任务展开

6.1　认识内容电商

在传统电商中，消费者一般只关注产品本身。内容电商运营者则抓住消费者的兴趣喜好，为他们提供优质的文字、图片、音频、视频、直播等内容，让消费者在阅读、观看内容的过程中获取产品信息，产生消费行为。相较于传统电商被动等待消费者来购买产品，内容电商通过主动吸引消费者购买产品。

消费者因为喜欢运营者分享和创作的内容，所以会付费阅读运营者的创作内容、购买其推荐或生产的产品，这便体现了内容传播的商业价值。比较有代表性的内容电商平台有喜马拉雅、小红书、知乎等。

6.1.1　内容电商的特点

1. 从产品到用户

传统电商主要通过数据推广来运营，结合促销活动来达成销量目标。促销活动包括"特惠、满减、买赠、折扣、免单"等。在电商发展初期，这些促销活动能刺激消费者大量购买产品，为电商发展提供巨大的助力，具有明显的优势。但是，这种通过促销活动来获取流量的方法给运营者带来了不小的成本压力，并且随着时间的推移已经无法满足消费者的需求。

内容电商以用户为中心，强调深刻洞察用户的心理，通过持续的内容沟通引发用户的情感共鸣，建立与用户的情感连接。在这样的模式下，用户既是内容的浏览者，又是产品的意向消费者。因此，现在有不少传统电商平台也在发展内容电商。

以淘宝为例，当淘宝发现用户不再只追求高性价比，而是更注重寻找个性化、品质化的产

品，打开淘宝 App 的目的也从购买必需品变成了"逛淘宝"时，淘宝为了留住用户开始拓展内容电商，"淘宝视频""淘宝直播"等模块相继上线。"淘宝视频"位于首页底部工具栏，拥有巨大流量。商家一般投放种草型、商品型等视频，吸引用户产生购买欲望，用户可以在观看过程中点击产品链接进行购买。"淘宝直播"同样在淘宝 App 首页，是一个电商直播模块。主播在直播间与用户互动，并提供专业的购买指引。

2. 从价格到价值

在从传统电商向内容电商转变的过程中，用户不再一味地追求价格低、性价比高的产品，而是开始追求高附加价值的产品。

在传统电商中，用户在购买前，大多已经有目的地对产品的价格、销量、材质、折扣、附赠礼品、售后服务等诸多内容进行全方位对比和考量。这样的挑选与对比过程消耗了用户大量的时间和精力，影响了消费体验，并增加了选择难度。在内容电商中，运营者则是通过塑造产品的个性，为用户筛选推荐与其价值观相符的产品，用户不仅能获得产品的功能性价值，还能获得精神价值，从而提升消费体验。在内容电商中，用户购买的不仅是产品，更是内容提供者或品牌方想传递给消费者的情怀、故事与梦想。

3. 从产品到场景

内容电商强调构造场景，根据用户当下的场景需求提供更有针对性、更有意义的产品或服务。用户在浏览内容时，很容易进入运营者为他精心营造的购买场景。在这个场景里，用户被动地接收信息，根据现有的生活环境和自我需求进行评估。合适的场景能使运营的效率和效果大大提升。

用户在淘宝、京东等电商平台购物时，心理状态趋于理性。如用户想购买一个储物架或储物柜，他会比较大小、材质、价格、组装方式等，最后可能因为某个原因放弃购买。而宜家的微信公众号为用户推送了一篇名为《开工季遇收纳难题？一架搞定！》的文章，这篇文章营造多个收纳场景，提供不同高度、不同材质、具有不同收纳功能的产品，用户可跳转至"IKEA 宜家家居"小程序直接购买产品，如图 6-1 所示。这种场景构造能解决用户的信任问题，让用户直接下单。

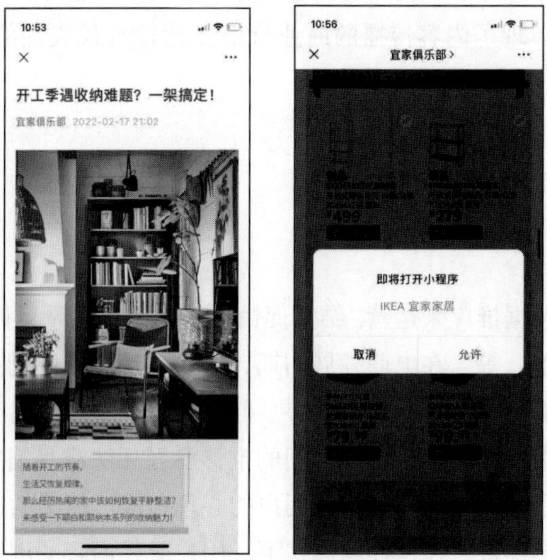

图 6-1 宜家内容营销案例

总的来说，在传统电商中，用户目的性强，接受其他信息的程度较低；而在内容电商中，用户在购买时的抵触情绪较弱，购买流程更加通畅。

6.1.2 内容电商的分类

内容电商一般分为 UGC 内容电商、PGC 内容电商、OGC 内容电商三种，下面逐一进行介绍。

1. UGC（User-Generated Content，用户生成内容）内容电商

这种模式下，电商平台的内容主要由用户自行生成，比如用户评价、用户分享的产品体验、用户上传的视频和图片等。这些内容通常更加真实、贴近用户，能够激发其他用户的购买欲望。例如，小红书就是一个典型的 UGC 内容电商平台，用户通过分享自己的购物体验和产品评测来吸引其他用户。

2. PGC（Professionally-Generated Content，专业生成内容）内容电商

在这种模式中，内容是由专业的内容创作者、品牌合作者或平台自身生成的。这些内容往往更加专业和精致，包括专业的产品评测、高质量的视频和图文内容等。PGC 内容电商通过提供高质量的内容来吸引用户，从而促进销售。

3. OGC（Occupationally-Generated Content，职业生成内容）内容电商

OGC 内容电商指的是由品牌官方、商家生成的内容。这些内容通常包括品牌故事、产品详情、官方公告等，旨在以官方的视角向消费者传递信息。OGC 内容电商强调品牌的专业性和权威性，通过官方渠道发布内容来建立消费者信任。例如，品牌官网上的产品介绍和使用指南通常属于 OGC 内容。

6.1.3 内容电商与兴趣电商

内容电商与兴趣电商是目前备受关注的两种电商模式。兴趣电商是以用户的兴趣为核心，通过社群、UGC 等，将用户的兴趣和购买行为结合在一起的电商模式。在这种模式下，商家专注于了解用户兴趣和打造兴趣社群，通过与用户的互动和 UGC 来引导用户产生购买行为。这种模式适用于有明确兴趣点或目标人群的产品和服务，有助于商家精准定位目标用户，提高转化率。下面将从目标受众、产品和服务定位、营销策略、商业模式四个方面来分析内容电商与兴趣电商的不同。

1. 目标受众不同

内容电商的目标受众是广泛的，其旨在通过优质内容吸引广大用户，不局限于某个特定群体。而兴趣电商则针对具有特定兴趣的用户，这些用户可能是某一细分市场的核心消费者。

2. 产品和服务定位不同

内容电商强调的是提供优质的内容，以优质内容为核心来吸引和留住用户。而兴趣电商则是从用户兴趣出发，提供符合用户兴趣的产品和服务，如特色手工艺品、户外运动装备等。

3. 营销策略不同

内容电商的营销核心是内容，即通过优质内容吸引和留住用户。因此，内容电商的营销

策略往往以内容传播为主要手段，如利用社交媒体等进行内容推广。而兴趣电商的营销策略则以兴趣社群为基础，通过 UGC、达人等吸引用户参与互动，进而引导用户产生购买行为。

4. 商业模式不同

内容电商的商业模式主要以内容为核心，通过广告、知识付费、直播等方式实现变现。而兴趣电商的商业模式则主要是以兴趣社群为基础，通过产品销售、服务提供等方式获得收入。

同步训练

你近期被相关内容"种草"后购买的产品有哪些？你是被什么内容吸引的？购买产品后的使用情况是否和预想的一样？请将相关信息汇总至表 6-1 中。

表 6-1　内容"种草"汇总表

购买产品	内容电商平台	产品使用情况

6.2　内容电商平台基础操作

下面以小红书 App 为例，介绍内容电商平台的基础操作。

步骤 1：打开小红书 App，如图 6-2 所示，会弹出"个人信息保护提示"页面，点击"同意"，进入登录页面。如图 6-3 所示，选择"微信登录"或"其他登录方式"登录，其中"其他登录方式"包括"手机号码—键登录""QQ 登录"和"微博登录"。阅读并勾选"我已阅读并同意《用户协议》《隐私政策》《儿童/青少年个人信息保护规则》"。

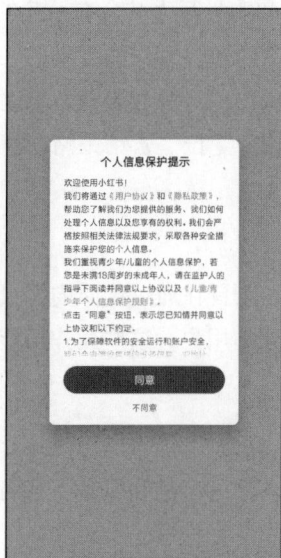

图 6-2　"个人信息保护提示"页面

图 6-3　登录页面选择登录方式

步骤 2：登录后选择性别和年龄，如图 6-4 所示。

图 6-4　选择性别和年龄

步骤 3：选择后会跳转到"选择你的兴趣"页面，勾选至少 4 个兴趣后，点击"开始探索小红书"，如图 6-5 所示。

图 6-5　选择兴趣

步骤 4：进入页面后点击"我"的个人主页，如图 6-6 所示。点击"编辑资料"右边的"设置——账号与安全——手机号——新手机号绑定"绑定手机号码（若登录方式为手机号码登录则跳过该步骤），如图 6-7 所示。

图 6-6　"我"的个人主页

新媒体营销与案例分析（微课版）

图 6-7　绑定手机号码的步骤

步骤 5：点击"编辑资料"，上传照片作为头像并填写名字等基本信息，输入后点击"保存"，完成编辑，如图 6-8 所示。

图 6-8　"编辑资料"页面完成个人资料填写

步骤 6：点击底部"+"，进入相册，选择需要发布的照片（可同时选择照片和视频），然后进入编辑页，根据需要对照片或视频进行调整或剪辑，完成后点击"下一步"，如图 6-9 所示。

图 6-9　选择照片编辑

步骤 7：进入发布作品页面，填写标题，添加正文和话题，选择是否显示地点以及可见范围，点击"发布笔记"即可完成作品的发布，如图 6-10 所示。

图 6-10　发布作品页

同步训练

根据以上操作步骤，注册一个内容电商平台账号。

6.3 内容电商平台营销实战技巧

6.3.1 内容选择

1. 确定选题和进行主题设计

运营者确定了产品，选好内容电商平台后，还需要确定合适的选题，并围绕选题展开多样化的主题设计。这样能确保内容垂直且不单调，丰富而不杂乱。

选题应具有稳定性，主选题之下可以设置多个副选题，但不要喧宾夺主。运营者围绕选题要做多样化的主题设计，可以根据节日、热点话题等设计主题，也可以将单个主题做成系列合辑。

2. 分享有价值的内容

平台鼓励创作者产出有价值的内容。有价值的内容可以是实用的干货知识，也可以是能引起情感共鸣的某种生活方式、态度或见解。因此，运营者在分享时要言之有物，避免分享空洞无意义的内容。

运营者在分享可突出体现内容的故事性，描述和展现真实的生活场景、故事情节。

3. 关注热点

热点分为两类，即可预见的和随机出现的。对于可预见的热点，运营者要提前做好内容规划；对于随机出现的热点，运营者要及时联系创作者有选择性地、及时地进行关联创作。

6.3.2 内容优化

选择了合适的主题后，运营者还需要掌握内容优化的技巧，以便高效、迅速地提高内容的被关注度，吸引更多的粉丝。

内容优化的五个技巧如图 6-11 所示，下面将分别进行介绍。

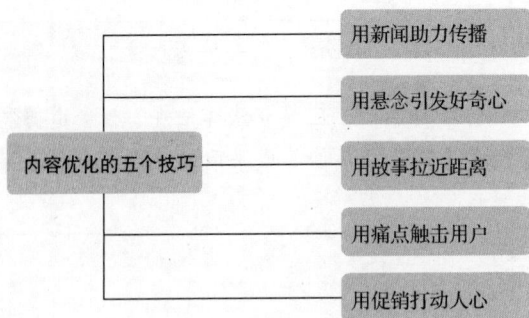

图 6-11　内容优化的五个技巧

1. 用新闻助力传播

用新闻助力传播，是指运营者通过使用新闻媒体的体例进行内容创作，借助新闻报道式的内容宣传自己。如企业内的重大事件、完成的公益事业等，都可以通过新闻报道式的内容进行传播。

在互联网时代，新闻报道的主要特点是能够进行二次传播，新闻报道式的内容发布后，很容易被其他的平台或者达人转载。

!!! **温馨提示**

现在很多平台对文章审核严格，创作者在创作内容时不能断章取义或制造虚假新闻等，否则会严重损害品牌声誉，创作者也会受到惩罚。

2. 用悬念引发好奇心

所谓悬念，就是人们常说的"卖关子"。用悬念引发好奇心是一种常用的内容创作手段。创作者通过设置悬念，可以激发读者丰富的想象力和阅读兴趣。

制造悬念通常有三种方法，如图 6-12 所示。

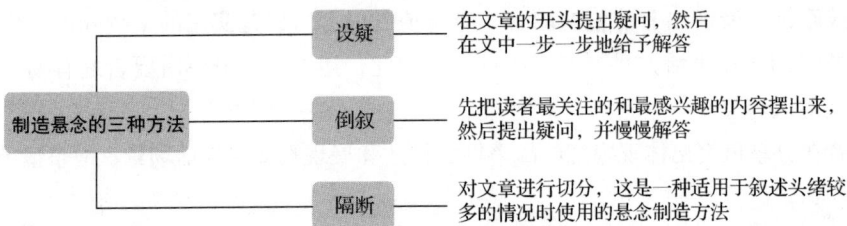

图 6-12　制造悬念的三种办法

例如，小米公司在揭晓某位代言人之前，会通过微博发布带有悬念的内容，营造一种新奇、神秘的氛围。

运营者在创作内容的时候，也可以在内容中制造悬念，引起读者的关注。运营者要用具有悬疑感的内容引发读者的好奇心，就必须掌握相应的创作步骤，如图 6-13 所示。

运营者创作具有悬疑感的内容时要把握好分寸，悬念的设置和解答要合理，不能让人一看就觉得不真实，产品信息的嵌入要自然，避免引起读者的反感。

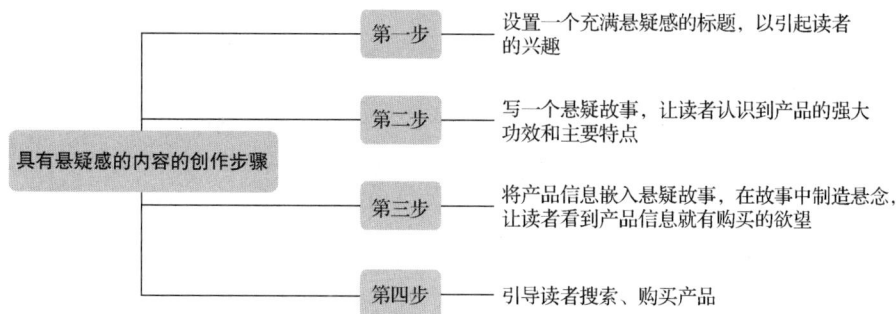

图 6-13　具有悬疑感的内容的创作步骤

3. 用故事拉近距离

故事类内容更容易被用户接受，一则好故事能让读者记忆深刻，产生代入感，对故事中的情节和人物产生向往之情，拉近品牌与读者之间的距离，利于企业找到潜在客户和提高品牌信誉度。

如何创作一篇高质量的故事类文章呢？首先需要确定产品的特色，将产品关键词提炼出来，然后将产品关键词放到故事线索中，使其贯穿全文，让读者读完之后对产品印象深刻。同时，故事类内容应满足以下两个要求，如图 6-14 所示。

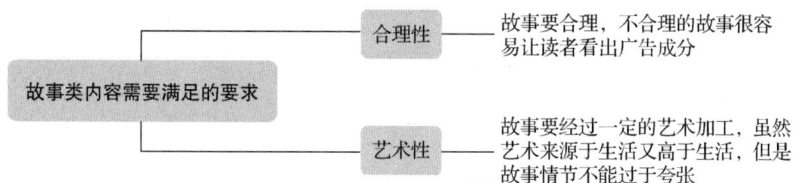

图 6-14　故事类内容需要满足的要求

"十点读书"是知名文化类公众号，擅长分享有深度、能引发情感共鸣的故事，以此吸引读者，拉近与读者的距离。其发表的一篇题为《你当像鸟飞往你的山》：遇事的第一思维，决定了你的人生走向"的内容创作，讲述了主人公塔拉·韦斯特弗靠自我教育与不懈努力实现自我超越的真实故事。在这篇文章里，"十点读书"编辑团队巧妙融入平台推广的书籍及阅读理念，它们如同故事关键线索，与主人公成长历程紧密相连。读者沉浸故事时，会对推荐书籍产生兴趣。"自我成长""知识改变命运""阅读的力量"等关键词贯穿全文，既呼应故事主题，又契合"十点读书"推广阅读、助力个人成长的品牌理念。这种独特的内容创作方式，让读者在品味故事时记住推荐书籍。

4. 用痛点触击用户

各种电商平台上充斥着很多可有可无的产品，这些产品自然难以吸引用户下单。只有满足用户需求、抓住用户痛点的产品，才让用户产生购买欲望。

到底什么是痛点？如何找到用户痛点并解决这些痛点？从定义上来看，痛点即用户最迫切需要满足而又未得到满足的需求，解决办法可以是通过市场调查升级已有产品的功能，或推出更符合用户需求的新产品。企业要从用户的角度出发来设计或选择产品，并花时间去找准并研究痛点。

抓住用户痛点的方法有以下两种。

（1）从微博上找用户关注点。

微博上的话题向人们展示了 1 小时内或者 24 小时内关注度比较高的热门事件，运营者可以去微博上寻找用户关注点，以抓住用户痛点。在微博上寻找用户关注点的方法具体如下。

登录微博账号并进入微博首页，在微博首页点击"发现"按钮，进入热门微博推荐页面。

热门话题聚焦的是用户目前最关心的问题、兴趣点和"刚需"。运营者找到与自己所在领域相关的话题，然后将这个话题嵌入自己推送的内容，就可以提高用户的关注度和阅读率。

（2）通过阿里指数找用户喜欢的产品。

对于电商类或者以销售产品为主的企业来说，关注市场行情是很有必要的。这类企业要想了解市场行情，知道什么产品好卖，就可以参考生意参谋，如图 6-15 所示。

图 6-15　生意参谋页面

用户关注的或许是产品的价格，或许是产品蕴含的文化价值，这些都可以从生意参谋的各种榜单数据中去挖掘。企业可据此调整内容营销策略，从用户的痛点出发进行内容的组织和策划，从而打造真正受用户关注和喜欢的内容。

5.　用促销打动人心

企业在进行内容优化的时候，可以采用促销活动来打动消费者。通过促销式内容开展营销是一种比较直白的推广方法，也是如今企业用得比较多的一种内容营销策略。一般来说，促销式内容分为图 6-16 所示的两种形式。

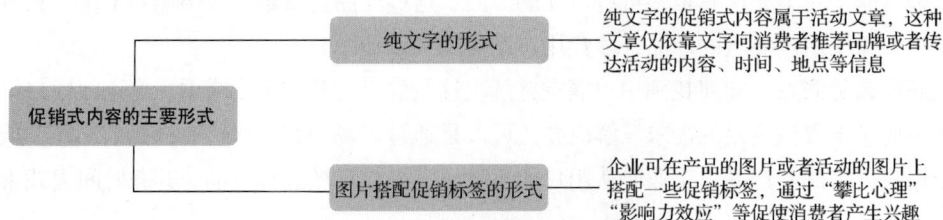

图 6-16　促销式内容的主要形式

纯文字的促销式内容需要突显活动的主要内容及促销力度，以激发消费者的兴趣和购买欲望。创作促销式内容需要掌握以下几个技巧，如图 6-17 所示。

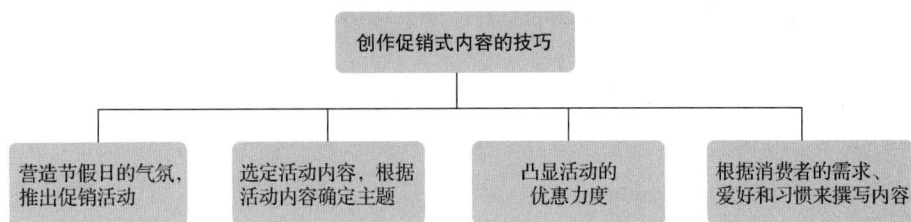

图 6-17　创作促销式内容的技巧

除了以上技巧，创作促销式内容还要注意两个事项，如图 6-18 所示。

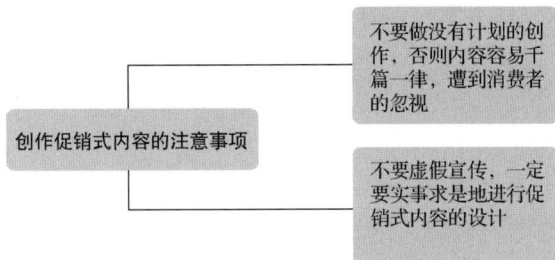

图 6-18　创作促销式内容的注意事项

6.3.3　内容变现

1. 内容的价值

（1）入口价值。

有了优质内容后，运营者还需要寻求有价值的流量入口。流量的本质是用户的注意力，体现了人们多样化的需求。对于罗辑思维、暴走漫画这样的大 IP 来讲，它们拥有大量的粉丝，自身就是一个大的流量入口，因此可以不再依赖某个平台。

（2）标签价值。

有些平台因定位聚焦会聚集大量同类用户，通过标签化实现精准营销。这些平台能留下黏性强的用户。例如，Keep 上面有大量的健身达人，他们通过分享健身心得，在平台上聚集了一批健身爱好者。

（3）消费引导。

用户容易被优质的内容吸引，运营者可在创作的内容中隐性地引导用户的消费需求，借助多平台的相互连接，帮助用户快速地完成购买行为。例如在抖音上，运营者可在其创作的视频、图文中或在直播过程中，直接引导用户跳转到产品的购买页面。

2. 内容变现的途径

学习完以上三种价值后，下面介绍内容变现的四种途径。

（1）内容付费。

运营者可根据平台的特性，对于自己发布的内容，设定用户付费后才可以观看、收听或下载。例如，在喜马拉雅平台上，部分内容需要用户付费后才能收听。

（2）广告变现。

平台或运营者可通过承接广告来获取收益，如在微信朋友圈中，会出现品牌投放的广告。

（3）IP 变现。

IP 变现可理解为新媒体时代内容变现的一种跨界经营模式，即通过内容创作产生流量，利用流量尝试跨界，从内容创作转变为销售产品。

例如，元气森林将"元气新青年"IP 定位为符合品牌精神的"Z 世代"，即敢拼敢想敢创新、具有社会责任感的优秀年轻人，并提炼了"朝气、傲气、硬气"三个核心关键词。为了使消费者对"元气新青年"IP 有更具象化的认识，元气森林挑选了三位具有"三气"精神内核的青年运动员作为代言人。随着三位运动员相继斩获金牌，知名度大幅提升，元气森林及"元气新青年"IP 借势"出圈"，并在面对竞争对手大量投入的情况下，获得了超10 亿次曝光及微博热门榜排名第二、抖音热榜排名第一的成绩，"元气新青年"IP 相关内容阅读量也超 1.9 亿次。

（4）社群经济。

社群经济是指借助优质的内容积累一定的用户，运营者通过用户对企业的情感和对企业价值观的认同，筛选出活跃度高的用户并将其聚集在一起，给予其不同于普通用户的权益，以提高这些用户的忠诚度，并最终实现用户付费。

同步训练

5～6 人组成一个团队，通过头脑风暴和团队协作，策划一个主题，在内容电商平台发表一个原创作品（视频、图文等形式均可），一周后将相关信息填至表 6-2 中。

表 6-2　内容电商平台原创作品发布情况

内容电商平台	昵称及账号	主题	收藏量	点赞量	评论量

课后案例拓展

小红书案例分析

1. 小红书的发展过程

小红书于 2013 年上线了"购物攻略"，其内容主要是热门境外旅游地的购物攻略，而且以 PGC 为主。但是因为内容单一，小红书此时只是一个工具型平台。用户只在有境外购物需求时才会打开小红书进行搜索。故而在使用场景上，小红书没有太大的优势，用户黏性相对较弱。小红书希望突破这个困境，从工具型平台向其他角色转变。

随后，小红书向内容社区转变。它新增了关注功能，加强了用户与用户之间的关联；新增了用户等级和排行榜机制，激励用户产生创作和分享行为，降低了产品可替代性，增加了用户的沉没成本；新增了发布话题和讨论的功能，激励用户针对时下热门话题进行创作、讨论与分享，还对同类内容、同类用户进行了归类。

此时，小红书开始从 PGC 平台向 UGC 平台转变。大量的普通用户也开始参与平台内容的创作，平台也开始帮助更多的个性内容、优质内容进行沉淀。对于相同产品会有不同用户从不同角度去评价，用户在浏览其他用户发布的各式各样的笔记后，可以对产品有一个比较客观的认识。

这一时期，小红书的 UGC 属性特别明显，平台内容的多样化让小红书成了人人都可以参与的内容社区。当有了大量的用户和极强的用户黏性后，小红书开始向内容电商平台转型，即开始对之前的积累进行变现。

小红书早期推出的"福利社"功能，提供了一部分限时特惠产品，但是因为小红书上没有值得信任的产品提供商，用户对小红书上的产品信任度较低。随后，小红书增加了内容标签功能，通过内容标签与用户兴趣的匹配来为用户推送定制化的内容；新增了"创作专辑"功能，让普通用户对平台内大量的笔记进行分类；增加了产品展示功能，笔记中提到的产品会在笔记下方展示，这代表小红书实现了内容社区与电商平台的初步融合。

小红书现在已经成为内容电商平台的代表之一，从最初的只提供购物攻略到现在可提供多元化内容的平台，小红书一直根据用户需求提供优质的服务。小红书对打造一个具有分享精神、美好、真实与多元的社区的坚守从来没有改变，无论产品与商业模式如何变化，小红书都高度重视用户体验。

2. 小红书运营策略

小红书的火爆与它有效的运营策略是分不开的，主要包括名人运营和氛围运营。

（1）名人运营。

2017 年 4 月，某名人成了首个入驻小红书的名人，之后小红书一直邀请名人入驻。小红书在选择入驻名人时，不仅考虑该名人的流量和话题度，更注重该名人与平台的调性是否相符。

小红书充分利用名人的价值，将名人和产品捆绑在了一起。与以往的广告不同，小红书里的名人会被引导按照平台的调性分享内容，小红书也鼓励名人把平台当成一个微博之外的可与粉丝互动的社交媒体，而不仅仅是请名人做代言。

（2）氛围运营。

小红书对社区氛围的营造也十分重视。它认为社区是真实的人在分享真实的事，本质是人的集合。小红书上有普通用户，也有达人。但真正影响小红书上众多用户生活方式和消费决策的，主要还是普通用户。

例如，当选择旅游目的地的酒店时，许多用户会选择在小红书上找攻略。用户在小红书上搜索关键词，会发现非常多真实的攻略，而这些攻略都来自一个个鲜活的人和他们的生活。

小红书秉持"运营人而非运营内容"的理念，决定了小红书要重点培养的不是头部内容的创作能力，而是社区氛围的营造能力。小红书的创始人之一瞿芳说，"美好、真实、多元"是小红书坚持营造多年的社区氛围，也是小红书这座"城市"的灵魂。毕竟能够让一个人留在一座城市的，不只是这座城市的基础设施，更是城市精神、城市文化和这座城市中的人。

学有所思

你还了解哪些内容电商平台？它们独特的运营策略有哪些？请列举至少两条。

_____

_____

_____

_____

_____

_____

AIGC 项目实训

使用 AIGC 工具辅助制定内容营销活动方案

武汉昙华林是一条长 1.2 千米的老街巷，承载着武汉深厚的历史文化。近年来，随着城市的发展和文化旅游的兴起，昙华林逐渐成为武汉热门的旅游打卡地。但为进一步扩大影响力，吸引更多年轻游客，提升其知名度成为关键任务。在中秋节到来之前，某校大学生实践团队打算利用 DeepSeek 工具，为昙华林策划一个内容营销活动方案。

1. 实训要求

（1）内容主题：为武汉昙华林打造一套能够精准触达大学生群体，有效提升昙华林在大学生中的知名度和吸引力，促进文旅消费的内容营销活动方案。

（2）详细记录：在实训过程中，详细记录使用 DeepSeek 过程，包括指令输入、结果分析、遇到的问题及解决方法，进行小组讨论和总结。

2. 实训操作

（1）明确目标：在中秋节假期及之后一个月内，实现昙华林在小红书、抖音、微博等大学生常用社交平台上的话题热度的增长；吸引年轻游客前往昙华林打卡游玩，带动昙华林周边商业消费；塑造昙华林"历史底蕴深厚、文艺潮流汇聚"的年轻化品牌形象，使大学生对昙华林的好感度得到提升。

（2）设计指令：根据品牌分析，设计指令，例如，昙华林是位于武汉武昌区的历史文化街区，融合了丰富的历史文化与文艺气息。现针对大学生群体，在中秋节期间开展内容营销活动，活动平台包括抖音、小红书、微博等。请制定一系列能吸引大学生的内容创作方向，如短视频创意脚本、图文打卡攻略；策划线上线下互动活动（如中秋汉服游园会、昙华林中秋摄影挑战赛）；制定各平台推广策略，包括话题标签设置（如 #昙华林中秋奇遇记 #武汉小众文艺打卡地等）、互动形式（如抽奖、问答、话题讨论等），以提升昙华林在大学生群体中的知名度和吸引力，吸引大学生前往游玩消费，同时提升昙华林的品牌形象。应包含活动策划、宣传推广、

新媒体营销与案例分析（微课版）

物料准备等各项费用明细。

（3）发送指令：打开 DeepSeek 页面，在底部的文本框中输入要求，并按"Enter"键发送，查看给出的营销策略，如图 6-19 所示。

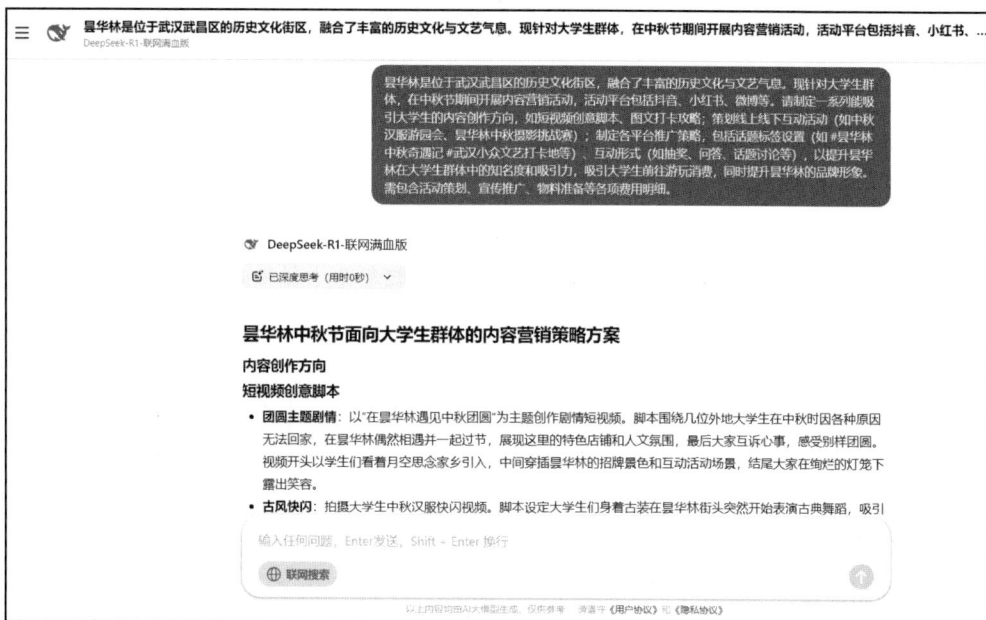

图 6-19　DeepSeek 为武汉昙华林制定的内容营销活动方案

项目 7　社交媒体平台营销

　　作为信息时代的重要组成部分，社交媒体平台已经成为人们日常生活中不可或缺的存在，它深刻影响和改变着人们的沟通交流方式，也成为人们获取信息、消费购物的重要渠道之一。目前，全球范围内的社交媒体平台用户数量已经达到数十亿级别，形成一个巨大的市场。其中，微信、微博等平台在中国的用户数量都已经达到了数亿级别。未来，社交媒体平台将更加多元化和复杂化，以更好地适应用户需求和市场变化。为使读者对社交媒体平台有更深入的了解，本项目将从认识社交媒体平台、社交媒体平台基础操作和社交媒体平台营销实战技巧三个方面进行介绍，并结合典型案例进行分析。

学习目标

　　价值塑造：遵守《广告法》《电子商务法》等法律法规；遵守网络平台规则和文明公约；培养积极向上的营销理念和创新进取的思维模式。

　　知识掌握：了解社交媒体平台的定义；识别社交媒体平台的主要类别。

　　能力提升：学会操作社交媒体平台；策划社交媒体平台营销活动。

课前线上学习

在线资源学习

　　请同学们在课前自主学习在线课程，扫描右侧二维码即可开始学习。

自主学习测试

一、单选题

1. 以下哪项不属于社交媒体平台？（　　　）

　　A. 微信　　　　　B. 微博　　　　　　C. 搜索引擎　　　　D. QQ 空间

2. 以下选项中，不属于微博的特点的是（　　　）。

　　A. 社交属性　　　B. 传播迅速　　　　C. 用户数量巨大　　D. 用户精准化

3. ( ) 带来了移动互联网时代的营销革命。

    A. 微信营销   B. 短视频营销   C. 微博营销   D. 快手营销

二、多选题

1. 社交媒体平台目前主要包括（ ）等形式。

    A. 社区   B. 微博   C. 论坛   D. 微信

2. 社交媒体平台的特点有（ ）。

    A. 运用大数据精准营销   B. 全民参与、全程互动

    C. 内容生产的差异化   D. 重视经营人际关系

3. 社交媒体的运营应该是大批网民（ ）的过程。

    A. 自发筛选   B. 被动筛选   C. 创作新闻信息   D. 传播新闻信息

课中任务展开

7.1 认识社交媒体平台

7.1.1 社交媒体平台的定义

社交媒体这个词最早出现于 2007 年，在电子书《什么是社会化媒体》（*What Is Social Media*）中，作者指出，社交媒体是一种给予用户极大参与空间的新型在线媒体，具有参与、公开、交流、对话、社区化和连通性六大特征。

社交媒体平台即互联网上基于用户关系的内容生产与交换平台，是人们用来分享意见、见解、经验和观点的工具和媒介，目前主要包括社区、微博、微信、博客、论坛、播客等形式。社交媒体平台在互联网这片沃土上蓬勃发展，爆发出惊人的能量，其传播的信息已成为人们在互联网上浏览的重要内容。社交媒体平台制造了人们在社交生活中争相讨论的一个又一个热门话题。

7.1.2 社交媒体平台的特点

社交媒体平台的运营是大批网民自发筛选、创作并传播新闻信息的过程。从传播特点来看，社交媒体平台有两个特点：一是用户基数庞大，二是传播具有自发性。从运营特点来看，社交媒体平台有以下四个特点。

1. 运用大数据精准营销

社交媒体平台积累了大量的用户资料等数据，加上数据处理技术的支持，企业能更精准地进行用户分析和判断。

2. 全民参与、全程互动

传统意义上的读者只是内容消费者，而社交媒体平台则打破了生产、消费和传播间的界

限。在网络世界，用户既是消费者，又可以成为内容的生产者，如在社交媒体平台上发布自己的日常生活片段或心得体会，对某个产品进行点评，同时用户还积极扮演传播者的角色，如转发某篇文章。

3. 内容生产的差异化

不同兴趣爱好、不同年龄段的用户在社交媒体平台中的传播偏向有所不同，因此为用户提供差异化的内容则是社交媒体平台的必然追求。主流社交媒体平台倡导"人人都可能成为内容生产者"，一些关注度极高的社交媒体平台，其内容高度个性化。

4. 重视经营人际关系

社交媒体平台注重打造以人际关系网络为核心的传播路径，利用现实中的人际关系来建立虚拟社交关系网络，例如微信、QQ 的好友添加功能，微信的点赞和评论功能，等等。虚拟的社交关系网络成了维持现实中人际关系的重要一环。

7.1.3 社交媒体平台的分类

社交媒体平台从人际关系维度可以分为：熟人社交型，如微信；陌生人社交型，如陌陌；职场社交型，如钉钉。社交媒体平台从使用功能维度可以分为：知识型，如知乎；社区型，如豆瓣；媒体型，如微博等。社交媒体平台从生产内容维度可以分为：文字、图片社交型，如论坛；语音社交型，如喜马拉雅；视频社交型，如抖音。

同步训练

1. 如果周末你要外出就餐，享受美食，你会从以下哪个渠道选择餐厅？为什么？将相关信息填至表 7-1 中。

表 7-1　各渠道的优势和不足

渠道	优势	不足
当面询问朋友		
咨询微信或 QQ 好友		
看美食博主的推荐		
搜索与美食相关的 App 上的信息		
其他		

2. 你最近一次在社交媒体平台上发布的信息是什么？你借此和哪些人取得了联系？你发布的信息是否达到了预想的效果？

7.2　社交媒体平台基础操作

下面以微博 App 和手机 QQ 为例，介绍社交媒体平台基础操作。

7.2.1 微博 App 基础操作

步骤 1：打开微博 App，如图 7-1 所示，在"用户协议和隐私条款"页面点击"同意并继续"，进入首页，点击左上角"登录"，然后选择手机号码登录或其他登录方式，如图 7-2 所示。

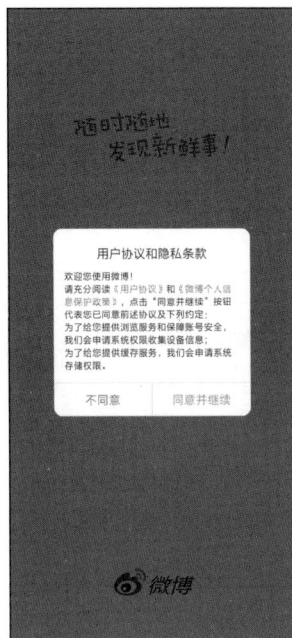

图 7-1　"用户协议和隐私条款"页面

图 7-2　登录页选择登录方式

步骤 2：登录后会被要求选择兴趣标签，选择后点击页面下方的"我选好了"或直接点击右上角的"跳过"，然后微博会为你自动推荐优质博主，若不想关注这些博主，则可以取消勾选，再点击"进入微博"，如图 7-3 所示。

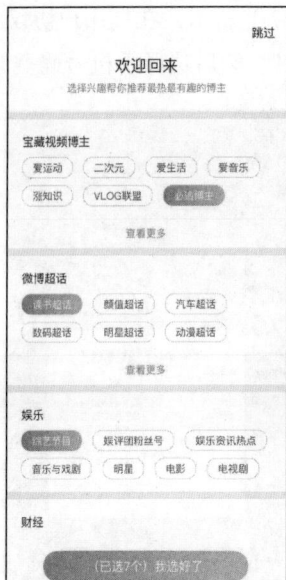

图 7-3　选择兴趣标签页

步骤 3：进入微博 App 首页，点击右上角"+"，然后点击"写微博"，如图 7-4 所示。或者点击右下角的"我"，进入个人主页，如图 7-5 所示，点击"微博"后，点击"发布微博"，如图 7-6 所示。以上两种方式都可以进入"发微博"页面。

图 7-4　微博 App 首页

图 7-5　个人主页

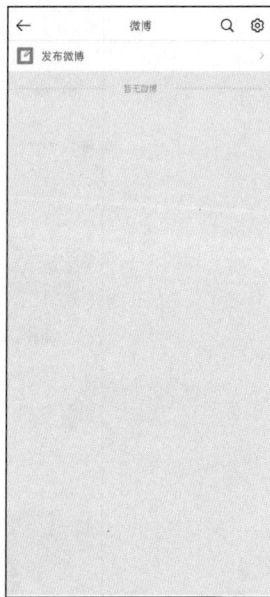

图 7-6　点击"发布微博"

步骤 4：在打开的"发微博"页面，选择拍摄好的图片或视频，编辑文字，即可创作并发布微博，如图 7-7 所示。

新媒体营销与案例分析（微课版）

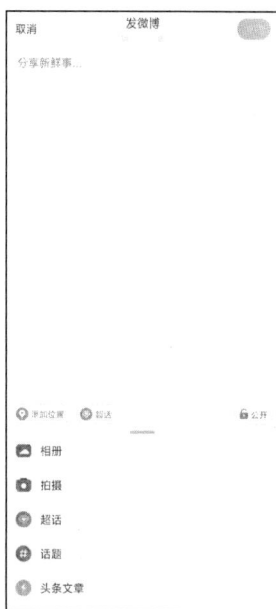

图 7-7　"发微博"页面

7.2.2　手机 QQ 基础操作

步骤 1：打开手机 QQ，进入 QQ 登录页面，然后可以选择"新用户"或"登录"，如图 7-8 所示。

步骤 2：点击"新用户"在手机号注册页面使用个人手机号注册，阅读并勾选"已阅读并同意服务协议和 QQ 隐私保护指引以及天翼账号服务与隐私协议"，点击一键注册，如图 7-9 所示。

图 7-8　手机 QQ 登录页面

图 7-9　QQ 手机号注册页面

步骤 3：如图 7-10 所示，进入短信验证页面，点击"去发送短信"，发送完后点"我已发送"即可验证成功。

步骤 4：完成短信验证后，进入设置账号信息页面，如图 7-11 所示，给账号设置昵称及密码，即可完成 QQ 账号的注册并登录。

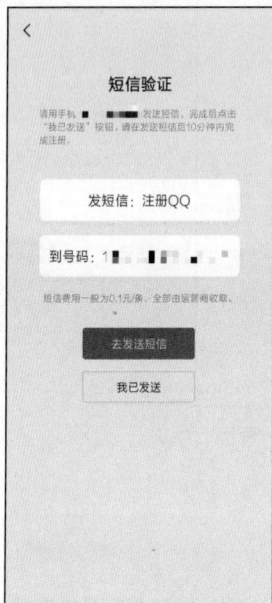

图 7-10　短信验证页面　　　　　图 7-11　设置 QQ 账号信息

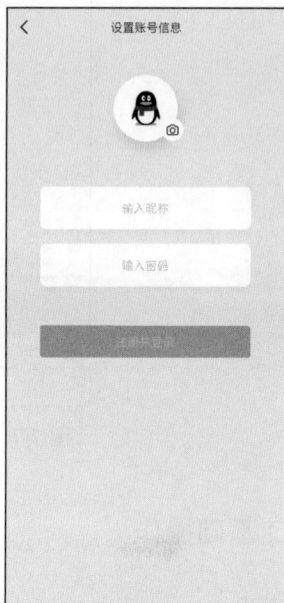

步骤 5：若已注册账号，则在手机 QQ 登录页面点击"登录"，输入 QQ 号、QQ 密码，勾选"已阅读并同意服务协议和 QQ 隐私保护指引"，如图 7-12 所示。进入安全验证页面，完成安全验证，如图 7-13 所示。

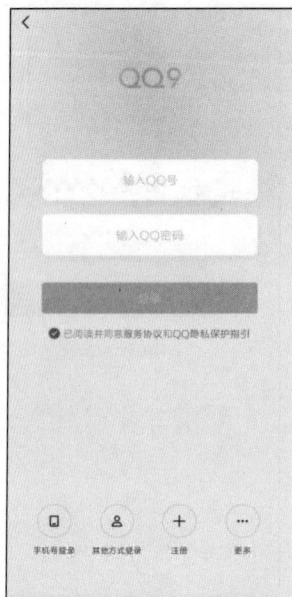

图 7-12　QQ 账号登录页面　　　　图 7-13　安全验证页面

步骤 6：不论是选择"新用户"登录还是直接"登录"，在完成安全验证后，进入消息页面即登录成功，如图 7-14 所示。

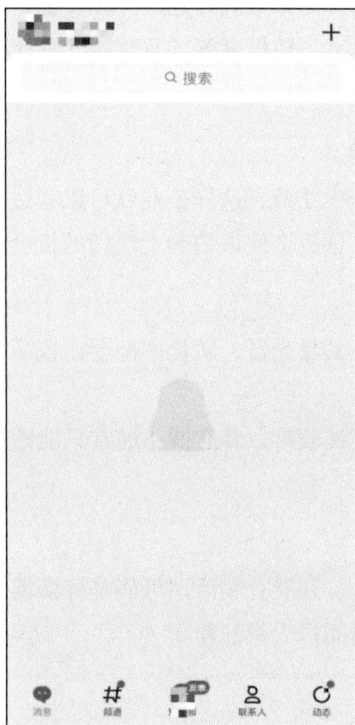

图 7-14　手机 QQ 消息页面

7.3　社交媒体平台营销实战技巧

下面以微博和 QQ 为例，介绍社交媒体平台营销实战技巧。

7.3.1　微博涨粉技巧

1．发布优质内容

要让粉丝养成观看习惯，企业需要定时、定量、定向发布内容。一定要保证内容质量，在质量和数量的选择上以质量为先。缺乏价值的内容，不仅达不到传播目的，还很可能让账号被不胜其烦的粉丝取消关注。

从另一个角度来看，微博的热度和关注度来自话题，因此不断制造新的话题、发布粉丝关注的内容，才可能吸引更多粉丝的关注。要想长期吸引目标粉丝的注意，企业要对内容定期进行更新，这样才能保证账号的可持续发展。

2．与粉丝、其他博主互动

除了多发布内容，企业还需要与粉丝、其他博主互动，包括进行关注、浏览、点赞、评论、转发等一系列的操作。如，在与粉丝互动中，及时回复粉丝评论有两个好处：一是增强粉丝黏性，粉丝收到博主的评论，可以感知到博主对他的关注；二是增加内容的转发量、点赞量、评论量，从而增加内容的曝光量，提高账号的曝光度。转发也是在与粉丝互动，可以提高账号的曝光度，以及粉丝对账号的关注度、信任度等。及时转发可使粉丝变得更加活跃，从而增强粉丝黏性。

3. 引导粉丝之间进行互动

设置话题可以让粉丝之间产生交流，这样企业就可以通过粉丝的互动提升账号的活跃度，进而提升所发布内容的曝光量，这也会使该内容上热门的机会大很多。

4. 抢占热门话题

能够抢占热门话题的内容，其曝光量、转化率都会比较高。因此，企业在营销时，需要尽可能地抢占热门话题。

但是打造一个热门话题往往比较难，普通博主通常只能蹭热点，如发布与热门话题相关的内容、参与热门话题的讨论等。

5. 开展有奖活动

粉丝往往喜欢参与有奖活动，开展有奖活动可能是许多博主最主要的涨粉方式。例如，转发抽奖活动往往能使账号在短时间内大量涨粉。

6. 账号互推

互推也是一种常见的涨粉方式，即找一些同类型但是不存在竞争关系的账号合作，彼此向自家粉丝推荐对方，以达到双赢的目的。

7. 打造矩阵

如，某大型集团的微博矩阵就由各个地区和不同业务板块的账号组成。平时各账号独立运营，如果集团有比较重大的活动，各账号之间就会形成一种互动的内容形态。

总体来讲，微博涨粉最基本的要点就是账号要活跃，提供有价值的内容。在运营初期，企业要做好粉丝及内容定位。在日常运营中，企业要不断提高账号的内容质量及活跃度，吸引粉丝关注，最终达到营销目的。

7.3.2 QQ引流技巧

1. 个性签名引流

QQ的个性签名是引流推广的一个重要渠道。个性签名可以设置和QQ空间、说说同步更新，即只要QQ空间、说说有更新，个性签名也会更新。因此，企业可以通过编辑个性签名将需要引流的信息展现给自己的QQ好友。

2. 邮件引流

在QQ群内把群成员的QQ号提取出来，群发邮件，可以传播营销信息。需要注意的是，邮件内容应尽量简短，标题要极具吸引力。

3. 发生日祝福引流

QQ 中有一个发生日祝福的功能。开启这个功能，就会在 QQ 好友生日当天向其发送生日祝福。在生日祝福中加入广告信息，QQ 好友看到后如果感兴趣，就会主动联系。

> **!!! 温馨提示**
>
> 在使用社交媒体平台时，切记个人隐私是需要得到尊重和保护的。不要轻易透露自己的个人信息，如联系方式、家庭住址等。同时，也要注意避免散布他人的个人信息。

同步训练

1. 根据以上操作步骤和技巧，注册一个社交媒体平台账号并发布内容，一周后统计相关数据，将内容填至表 7-2 中。

表 7-2　社交媒体平台账号信息统计

平台名称	昵称及账号	发布的内容	收藏量	点赞量	评论量

2. 选择一个你熟悉的社交媒体平台，以"新媒体营销"为关键词，在该平台创建一个新话题。

课后案例拓展

共青团中央微博运营秘诀分析

1. 运营概况

"只要青年在的地方，无论千山万水，团团都赶来见你。"2013 年，共青团中央开通官方微博。这些年来，发展迅速。

可以说，共青团中央微博营造了官方机构在新舆论环境中的全新气象。共青团中央微博堪称微博中名副其实的"网红"，更是被网友亲切地称为"团团"。

2. 运营成功案例

2021 年 7 月 1 日，在庆祝中国共产党成立 100 周年大会隆重举行之际，共青团中央微博发布了青年代表在大会上集体献词的视频。截至 2024 年 12 月 18 日，该视频在微博平台的播放量突破 45 万次。这段充满朝气与信念的献词，激励了无数青年，展现了新时代青年对党和国家的热爱与忠诚。

2023 年 9 月 23 日至 10 月 8 日杭州亚运会举办期间，共青团中央微博持续跟进报道中国青年运动员在赛场上的精彩表现，特别推出"亚运青年风采录"系列文章。截至 2024 年 12 月 20 日，该系列文章总阅读量超 1.5 亿次，单条最高阅读量达 183 万次。这些报道让更多人看到了中国青年运动员顽强拼搏、勇攀高峰的精神风貌。

2024 年 10 月 1 日国庆节当天，共青团中央微博发布了精心制作的"我爱你，中国"主题宣传海报及短视频，展示祖国的壮美山河、繁荣发展的景象以及青年们为祖国奋斗的瞬间。截至 2024 年 12 月 23 日，该海报及短视频在全网的浏览量达 8 000 万次，点赞量超 300 万，分享量近 80 万次，引发了广大青年强烈的爱国情感共鸣。

3. 运营秘诀

（1）打造"反差萌"形象。

微博的拟人化传播是通过打造拟人化形象实现的，这可以拉近博主与受众之间的距离。共青团中央微博自称"团团"，打造出一种亲切、"反差萌"的形象，打破了人们对政务机构高冷严肃的刻板印象，拉近了官方媒体与青年受众的距离。

（2）彰显文化自信。

共青团中央微博巧妙地运用了多种多样的富含中国特色的符号来彰显文化自信，包括中国古建筑、文物、二十四节气、民间技艺等。例如，"胡同里的国旗"等照片引发了一众游子对故土的怀念；有关钱学森、袁隆平等学者的报道则使人感叹中国几十年来在国防、农业、科研等多方面的飞速发展，这些内容都有利于人们增强民族自信心与身份认同感。

（3）价值观宣传有人情味。

很多网友喜爱共青团中央微博的原因之一便是其浓浓的人情味，它就像一位充满智慧的老友，既告诉网友真知灼见，又充满人文关怀。

学有所思

结合"共青团中央微博运营分析"案例，针对自己所在的部门或集体的媒体宣传工作，谈谈你的认识和建议。

_____

_____

_____

AIGC 项目实训

使用 AIGC 工具辅助制定社交媒体营销方案

随着户外运动的兴起，越来越多的人开始追求健康、有活力的生活方式。某知名户外运动品牌探险者联盟专注于为户外运动爱好者提供高品质的运动装备，包括登山鞋、帐篷、背包、冲锋衣等。然而，品牌目前在社交媒体上的影响力有限，需要通过有效的营销活动提升知名度，吸引更多潜在客户。为了实现这一目标，探险者联盟决定利用 DeepSeek 工具为其量身定制一个社交媒体平台营销方案。通过精准的市场定位和创意策划，品牌希望在社交媒体上掀起一股户外运动热潮，进一步扩大品牌影响力，提升产品销量，并培养一批忠实的消费者群体。

1. 实训要求

（1）工具选择：使用 DeepSeek 进行数据收集、内容生成与优化，确保生成的内容符合品牌调性和目标受众需求。

（2）内容主题：围绕探险者联盟的品牌理念和产品特点，策划一系列适合在社交媒体上推广的内容，涵盖活动主题、内容创意、平台选择、互动策略等。

（3）数据反馈：通过真实社交媒体账号（如微博、QQ、抖音等）发布内容，并收集阅读量、互动量（点赞、评论、分享）及用户反馈关键词，用于后续效果评估。

2. 实训操作

（1）明确意图：利用 DeepSeek 为探险者联盟生成具有参考价值的社交媒体平台营销方案，帮助品牌在户外运动爱好者中提升影响力并增加销量。

（2）设计指令：根据品牌分析，设计指令，例如，探险者联盟是一家专注于为户外运动爱好者提供高品质运动装备的品牌，其产品包括登山鞋、帐篷、背包、冲锋衣等。品牌的核心理念是健康、活力、冒险，目标受众是追求健康生活方式的年轻人和户外运动爱好者。目前品牌在社交媒体上的影响力有限，需要通过一场创新的社交媒体营销活动来提升知名度、增加产品销量，并培养一批忠实的消费者群体。请结合微博、QQ、抖音等主流社交媒体平台的特性，为探险者联盟策划一场为期一个月的营销活动。方案需包括活动主题、内容创意、平台推广策略、互动策略以及数据监测指标，确保活动能够有效提升品牌在目标受众中的影响力和用户黏性。

（3）打开 DeepSeek 页面，在底部的文本框中输入要求，并按"Enter"键发送，查看给出的营销策略，如图 7-15 所示。

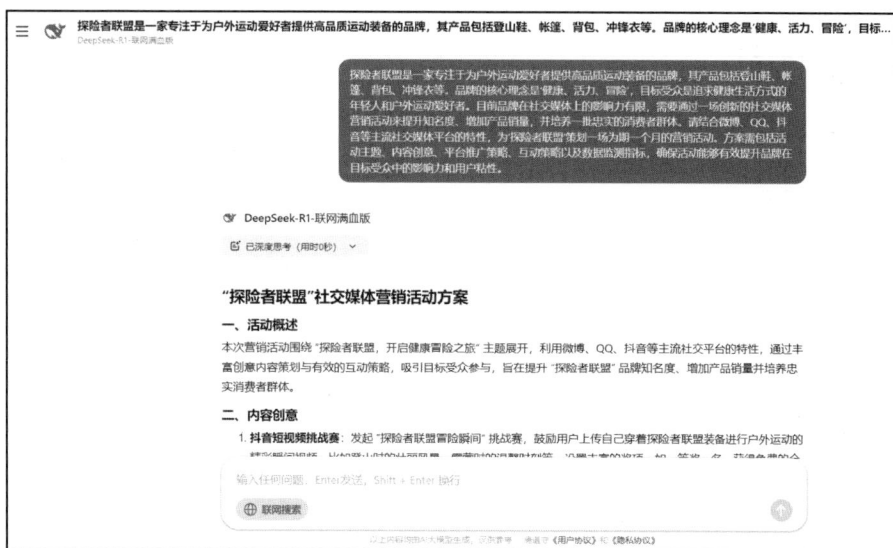

图 7-15　DeepSeek 辅助制定的社交媒体营销活动方案

项目8　新媒体文案创作与传播

新媒体文案是指在新媒体平台中，运用文字、图片、视频等多种表达形式来传达产品信息、进行活动推广等的文案。本项目通过新媒体文案概述及新媒体文案的创意输出、写作实践、写作技巧和传播五个板块，来帮助大家学习新媒体文案的相关知识。

学习目标

价值塑造：遵守《广告法》《互联网新闻信息服务管理规定》《互联网新闻信息服务许可管理实施细则》《电子商务法》；遵守网络平台规则和文明公约；建立以客户为中心的营销理念；培养创新意识和创业精神。

知识掌握：了解新媒体文案的特点；明确新媒体文案的价值；熟悉新媒体文案创意的输出技巧。

能力提升：掌握新媒体文案的四种写作技巧；分析与新媒体文案相关的典型案例。

课前线上学习

在线资源学习

请同学们在课前自主学习在线课程，扫描右侧二维码即可开始学习。

自主学习测试

一、单选题

1. 下列说法不正确的是（　　　）。

   A. 文案，是广告的一种表现形式，也是一种对写作者的称呼

   B. 广告界的文案有狭义和广义之分

   C. QQ空间、微信公众号、微博也属于新媒体文案传播渠道

   D. 新媒体文案的写作与传统媒体文案的写作不具有共通之处

2. 按照营销信息植入方式分类，新媒体文案常见的类型有（　　　）。

　　A. 销售文案和传播文案　　　　　　B. 长文案和短文案

　　C. 软广告和硬广告　　　　　　　　D. 文字、语音、图片、视频等

3. 加多宝在与王老吉争夺品牌使用权败诉后，在微博上用自嘲的口吻配以幼儿哭泣的图片推出一系列"对不起"文案，反而占据了新媒体民意的上风。这符合以下哪一种说法？（　　　）

　　A. 新媒体文案运用得好，传播更快速

　　B. 新媒体文案可以直接带来销售转化

　　C. 体现了新媒体文案的重要性

　　D. 以上说法都对

4. 以下哪一个标题更加符合新媒体文案"短、平、快"的特点？（　　　）

　　A. 晒一晒你最近循环播放的一首歌　　B. 把 1 000 首歌装到口袋里

　　C. 纤动我心，有容乃大　　　　　　D. 没有符合的选项

二、多选题

1. 新媒体文案较传统媒体文案具有（　　　）等特点。

　　A. 发布成本低　　B. 传播形式多元化　　C. 互动性强　　　　D. 目标人群更精准

2. 节假日营销文案需要遵循的原则是（　　　）

　　A. 节假日氛围　　　　　　　　　　B. 情感共鸣

　　C. 品牌有机植入　　　　　　　　　D. 产品有机植入

3. 新媒体文案的创意准备工作大致可分为（　　　）。

　　A. 明确目的　　　B. 找准需求　　　　C. 构建用户画像

　　D. 分析竞争对手　E. 挖掘卖点

4. 新媒体文案的写作技巧有（　　　）。

　　A. 使用场景　　B. 利用情感　　　　C. 数据展现　　　D. 热点借势

课中任务展开

8.1　新媒体文案概述

8.1.1　新媒体文案概述

　　"文案"一词来源于广告行业，是"广告文案"的简称。目前，广告界的文案有广义与狭义之分。广义的文案是指广告作品的全部，包括广告的语言文字、图片等；狭义的文案仅指广告作品中的语言文字，如广告的标题、副标题、广告语等。

　　新媒体文案是指基于新媒体平台创作传播的文案，融合多元素，具有时效性与多元风格，

有营销推广、品牌塑造等多种服务。

通常在淘宝看到的详情页文字、在公众号里看到的软文、在短视频平台看到的视频介绍都属于新媒体文案。

8.1.2 新媒体文案的特点

新媒体文案的写作与传统媒体文案的写作有共通之处，但因新媒体文案投放渠道的不同、用户阅读习惯的变化，所以新媒体文案对写作也有不一样的要求。新媒体文案较传统媒体文案具有发布成本低、传播形式多元化、互动性强、目标人群更精准、易被用户再创作等特点。

1. 发布成本低

传统媒体广告成本动辄上百万元，而随着新媒体文案的兴起，企业的广告信息发布成本逐步降低。新媒体平台提供了多样化的付费推广方式，企业可以根据自身预算选择合适的投放策略。部分平台基础发布功能完全免费，仅对商业化推广（如付费投流）收费。

2. 传播形式多元化

新媒体文案传播渠道包括资讯客户端如今日头条，社交媒体平台如微信、微博等，视频平台如抖音等。很多企业为了占据更多渠道，会根据渠道人群的不同，运用不同的文案宣传同一信息。传播形式的多元化，让广告不仅以文字的形式发布，更有图文、视频、游戏等多种形式。

3. 互动性强

相较于传统媒体文案，新媒体文案的传播不再是单向输出，消费者可借助微信、微博等社交媒体平台直接与品牌方沟通互动，这样可以更好地达到品牌传播或产品销售的目的，进一步增强用户与品牌的黏性。

4. 目标人群更精准

企业可以根据各类平台的用户特征来针对性地创作和投放新媒体文案。

由于用户在新媒体平台上的各种行为数据均被记录，企业可根据自己的目标人群有选择地进行相关信息的推送及广告投放，如针对刚怀孕的准妈妈推送母婴用品。平台自身基于对数据的处理，也能够向不同人群推送不一样的信息，从而提高营销精准度。

5. 易被用户再创作

在新媒体环境下，用户的参与度和创造性被极大地激发出来。凡客体就是典型的案例。凡客体曾在网络上引发用户的大量使用，这带动了凡客品牌的传播。新媒体文案更易于被用户再创作，用户往往也乐于分享其再创作内容。

基于以上特点，新媒体文案与传统媒体文案相比更为平民化，更短、平、快。

短：文案简短，能够快速吸引目标人群的注意力，并将最核心的信息表达出来。

平：新媒体的特性决定了品牌要通过平实亲近的语言与目标人群进行有效的沟通。

快：因新媒体文案传播速度快，新媒体文案创作者也要快速反应，如及时跟进网络热点并快速产出内容。

8.1.3　新媒体文案的价值

随着智能移动通信设备的普及，大部分消费者已经越来越多地把注意力放在移动端，这种趋势驱使大部分企业必须高度重视新媒体传播。

一方面，受移动端屏幕大小的限制，消费者能接收的信息是有限的，移动状态下消费者的注意力很难长时间集中，这会导致爆发式增长的新媒体推广信息和消费者有限的注意力之间的矛盾。另一方面，随着新媒体投放企业的增多，企业在新媒体上的推广成本也越来越高。若需要在新媒体上达到一定的曝光量，企业往往需要支付高额的广告费用。但如果新媒体文案写得很出色，则可起到四两拨千斤的功效，这不仅可以帮助企业提升传播效果及销量，还能直接为企业节约大量广告费用。

企业进行传统媒体文案推广的方式往往是在媒体渠道进行长期投放，需要消费者在特定平台购买相应产品。新媒体文案与电商平台结合，能直接促使消费者产生购买行为。如消费者在看文章时，可直接点击文章中的购买链接进行购买；在看视频时，看到相关产品也可能直接购买。对于企业来说，只要在新媒体上有一批关注自己的粉丝，就很有可能在发布一则信息后直接实现销售。

这种销售转化的及时性也使新媒体文案的效果易于评估，企业可以更快、更精准地投放，也可以更快地调整文案，提高转化率。

8.1.4　新媒体文案的类型

1. 按广告目的分类：销售文案和传播文案

企业的所有文案都是为销售服务的，但为了更好地区分不同的文案，企业可根据广告的主要目的将文案分为销售文案和传播文案。

销售文案，即以销售产品或服务为目的而创作的文案，旨在激发消费者的购买欲望。如产品销售页中介绍产品信息的文案，为了促进销售而制作的引流广告图等。

传播文案，即用于信息传播的文案，是将特定的内容，如品牌理念、知识观念等传递给消费者，目的是提高品牌影响力。常见的传播文案有企业形象广告、企业情怀文案等。

不同文案的写作方法也有所不同。如销售文案需能够快速打动人，并促使人们立即行动；传播文案则侧重于引起人们的共鸣，使人们自发传播。

2. 按篇幅长短分类：长文案和短文案

按照篇幅长短的不同，文案可分为长文案和短文案。

长文案为 1 000 字及以上的文案，短文案则为少于 1 000 字的文案。通常来说，长文案需构建丰富的场景；短文案则侧重于快速触达顾客，传达核心信息。另外，行业属性不同，运用的文案也不同。产品价格较高，顾客决策成本也较高的行业，如珠宝、汽车行业等，通常要运用长文案。而在产品价格较低，顾客决策成本也较低的行业，如饮料、食品行业等，则一般运用短文案。

3. 按营销信息植入方式分类：软广告和硬广告

软广告不直接介绍产品、服务，而是通过其他方式植入营销信息，如在案例中植入品牌。它是在潜移默化中引导顾客产生信任感，进而使顾客产生购买欲望。顾客不容易直接觉察到广告的存在，因此软广告具有隐藏性。硬广告则相反，其往往以直白的内容介绍产品、服务。

一般而言，企业会根据不同情况进行选择：在需要高强度宣传品牌以直接带动销售时，会选择硬广告；在需要增加品牌曝光量时，则一般选择软广告。

4. 按渠道及表现形式的不同分类

文案的传播渠道不同，表现形式也有所不同。如微信公众号支持多种表现形式的文案，如纯文字、语音、图片、视频等；在微博发布的文案可以附图，也可以附视频。

同步训练

在各大新媒体平台寻找热点文案，指出它们各属于哪一类型的新媒体文案，并将相关内容填入表 8-1 中。

表 8-1　新媒体文案相关信息

新媒体平台	文案	类型

8.2　新媒体文案的创意输出

8.2.1　创意准备工作

1. 明确目的

在开始写作之前，文案创作者要先确定好写作的目的，是传播品牌，还是提高产品的销量。目的不同，写作的思路和方法也会不同。

若是为了传播品牌，则需要思考如何让文案符合品牌风格，引起用户共鸣；若是为了提高产品的销量，则需要考虑怎样激发用户的购买欲望，进而对产品产生信任，并产生购买行为。

文案写作目的可以是传递价值观，可以是提高品牌曝光度，还可以是树立行业龙头形象等。只有明确了写作目的，文案创作者才能更好地梳理思路，也才不容易出现跑题或者写不下去的问题。

2. 找准需求

文案一般是为了推广产品或者分享知识，所以一定要展现能够给用户带来哪些利益，满足用户的哪些需求，以及文案所推广的产品与竞品相比的优势。从以上三个方面进行文案的写作，文案就有一定的价值。

所以，文案创作者要站在目标用户的角度去思考：什么样的内容目标用户喜欢看？什么样的内容能吸引目标用户？什么样的内容能解决目标用户的痛点？目标用户的需求是什么？什么样的内容能引导目标用户行动？

文案创作者只有设身处地地站在目标用户的角度去思考问题，才能创作出吸引目标用户的内容。

3. 构建用户画像

用户画像是一种表示目标用户特征的工具，是根据真实的用户行为提炼出来的一些特征属性构建的用户模型，代表了不同的用户类型及同类用户所具有的相似态度和行为，可以看作虚拟的、数字化的用户形象。用户画像将用户划分成不同的群体，每个群体中的用户都有相同或相似的购买行为。因为具有共同的属性特征、价值观和偏好，所以同一群体中的用户对某一品牌、产品或服务会呈现类似的态度。

在营销中，用户画像经常与用户细分的概念一起使用，代表着某一个市场的典型用户，能帮助企业更好地理解用户及其诉求，与其进行有效沟通。每个产品通常具有多个不同的用户画像，每个用户画像描述不同类型的用户。在数字化的过程中，每个用户的特征会用标签来表示，所以用户画像也被看作用户信息标签化的结果。

标签是一个实体具备的特征，对于营销来说，最重要的实体就是用户，因此主要的标签体系要描述清楚用户所具有的特征，如性别、年龄等人口属性特征，居住地、工作地、娱乐地等地域特征，消费能力、消费类型等购买特征，折扣偏好、参与频度等活动特征等。一般有如下四种类型的标签：静态标签、智能标签、模型标签和外部标签。

（1）静态标签。

静态标签又叫事实类标签，是所有标签的基础，指的是直接把用户的属性和行为的实际情况变为标签，不进行人为的逻辑判断，只反映客观现实。例如，一个人的性别、年龄、出生日期、籍贯等就是人口属性标签，一个人的消费次数、消费金额等属于用户行为标签，这些都是静态标签。

对于要收集用户的哪些数据，产品经理或产品运营者需要根据产品及用户需求来确定。例如在教育类产品中，需要知道用户的年龄、性别、查看过的课程、收藏的课程等。

（2）智能标签。

智能标签是利用人工智能技术（如机器学习、深度学习算法等）对用户数据进行深度挖掘和分析后生成的具有高度概括性、预测性和动态性的标签。智能标签能够自动发现数据中的隐藏模式、趋势和关系，从而更精准地描述用户特征。

（3）模型标签。

模型标签又叫作规则标签，是产品经理或者产品运营者根据用户的静态标签来定义的一些规则。例如，用户购买了三次产品，这个购物行为本身是一个静态标签，但是购买三次产品的用户可以被认定为老用户，这里的老用户就是一个模型标签。相关人员需要对行业和用户有深入的了解才能够准确定义模型标签。常用的模型标签有：品牌品类偏好标签、RFM 模型标签、自定义偏好标签、内容偏好标签、时间段模型标签。

① 品牌品类偏好标签：系统可以根据用户历史订单中的品牌及品类的购买情况，对比用户购买过的每种品牌及品类，再根据用户的条件参数设置，将符合条件的品牌及品类作为用户的标签。

② RFM 模型标签：RFM 模型可以动态地展现用户的形象，通过用户的三项指标，帮助企业较为精确地判断用户的价值。这三项指标分别为：Recency（最近一次消费时间），即最后一次购买距离今天的天数，该指标用于考察用户购买的沉默期；Frequency（一定时间内购买的次数），该指标用于考察用户是不是忠实用户；Monetary（总订单金额），该指标用于考察用户的消费能力。企业应根据业务需求设定好这三个指标，如 R≤30 的为高活跃度用户，R>30 的为低活跃度用户，F≥2 的为高忠诚度用户，F<2 的为低忠诚度用户；M≥100 的为高购买力用户，M<100 的为低购买力用户。最后，企业会根据这三个指标将用户分成八类人群，为他们分别打上八个不同的 RFM 模型标签。

③ 自定义偏好标签：根据特定的业务需求、用户群体特点或目标设定，由企业、组织或用户自身定义的用于描述用户喜好、倾向或选择倾向等特征的标签。它是对用户画像标签体系的一种补充，旨在更精准、灵活地捕捉用户独特的偏好信息。

④ 内容偏好标签：是一种用于描述用户在内容消费（如阅读文章、观看视频、收听音频等）过程中对不同类型、主题、风格或形式内容的喜好倾向的标签。它通过对用户与内容的交互行为进行分析来确定，旨在精准地反映用户在内容方面的个性化需求和兴趣点。

⑤ 时间段模型标签：时间段模型标签是指将用户发生某一事件最多次数的时间段作为标签打在用户身上。例如，对于"购买产品和服务"事件，将时间区间设置为 14:00—18:00 和 18:00—22:00，通过计算，在 14:00—18:00 购买次数最多的人就会被打上"购买时间段—下午"的标签，在 18:00—22:00 购买次数最多的人就会被打上"购买时间段—晚上"的标签。

（4）外部标签。

外部标签是指在构建用户画像或对目标对象进行特征描述时，从企业或组织外部获取的数据所生成的标签。这些标签不是基于企业内部系统直接收集和分析的数据，而是来自外部的各种来源，如第三方数据供应商、社交媒体平台、公共数据资源等，用于补充、丰富对用户的认识。

4. 分析竞争对手

竞争对手在一般情况下可以分为三类：直接竞争对手、间接竞争对手和替代型竞争对手。

（1）直接竞争对手。

企业和该类竞争对手面对的市场、面对的用户可能会有极高的重合率。例如，可口可乐和百事可乐属于直接竞争对手。

（2）间接竞争对手。

企业和该类竞争对手的目标用户是一样的，但是两者做出的产品有所差别。例如，百事可乐和元气森林虽然有竞争，但产品差异明显，双方各有各的用户群体。

（3）替代型竞争对手。

虽然目标用户是一样的，但针对用户的问题，不同的企业会提出不同的解决方案。例如，用户渴了，这时候他可能会选择喝饮料，也可能会选择喝水或者喝茶，而分别生产饮料、水、茶的企业就互为替代型竞争对手。

5. 挖掘卖点

卖点文案常用的格式是"产品利益+用户利益"。产品利益是站在产品的角度去说的，是能给用户提供的利益点。例如，笔记本电脑特别轻薄、汽车开门不需要钥匙等。用户利益可以理解为产品的"买点"，它是站在用户的角度去说的。例如，笔记本电脑特别轻薄，那就是便于出行携带；汽车开门不需要钥匙，就能解决人们因找不到钥匙而不能开车门的问题。

总的来说，挖掘卖点就是转化功能，落地需求。对于产品参数，用户是不敏感的，将功能介绍代入一个个使用场景中，告诉用户有用和怎么用，会比只罗列产品参数更易引起用户共鸣，激发其购买欲望。目前来说，大部分产品已经处于同质化比较严重的境地，所以寻找需求的落脚点，就是寻找差异化。企业可以先从产品特点着手，把产品的优点罗列出来，如手机续航久、方便手持携带、耐用、护眼等。

明确了产品特点，推导出使用场景就十分简单了。例如，手机续航久——减少了充电次数，用了一整天，晚上还有电；避免了因手机没电而满街找充电宝的麻烦；可以在包里少塞一个笨重的充电宝；等等。

接下来就是优化使用场景，在这一过程中，企业要把握好两个原则：从正面出发，描述使用产品后可以给用户带来的美好体验；从反面出发，写因没有这种产品所造成的不便。

8.2.2 创意输出方法

1. 发散式

发散式创意以九宫格矩阵为基础，将主题写在中央，然后把由主题所引发的各种想法写在其他八个格子中，向八个方向去思考。采铜在《精进》一书中提出了创意表格思考法，并设计了一个创意表格来帮助思考。这种方法是指对不同的维度进行穷举，即可获得无穷无尽的创意。

2. 组合式

组合式创意输出方式是一种通过整合不同元素创意来产生新创意的方式，例如，对口味、结构、造型、颜色等维度进行穷举，每个维度代表一种结果，多个维度组合在一起则可获得不同的结果。

3. 金字塔式

金字塔式的创意输出方法是一种结构化的创意方式。其原理主要包含四部分内容：核心思想、达到效果、基本结构和具体做法。

核心思想（分析的逻辑）：关注挖掘受众的意图、需求点、利益点、关注点和兴趣点，想清说什么（内容），怎么说（思路、结构），掌握沟通的标准结构、规范动作。

达到效果（思考的逻辑）：观点鲜明、重点突出、思路清晰、层次分明、简单易懂，让受众有兴趣、能理解、记得住。

基本结构（表达的逻辑）：结论先行、以上统下、归类分组（MECE原则）、逻辑递进；先重要后次要，先总结后具体，先框架后细节，先结论后原因，先结果后过程，先论点后论据。

具体做法（演示的逻辑）：自上而下表达，自下而上思考，纵向总结概括，横向归类分组，序言讲故事（SCQA结构），标题提炼思想精华。

运用到新媒体文案上，内容划分有以下两种方法。

自上而下法：以上统下，结论先行，然后具体描述细节。

自下而上法：归类分组，逻辑递进，最后得出结论。

同步训练

撰写某一产品或服务的新媒体文案，并根据上述要点进行分析，将相关内容填至表8-2中。

表8-2　新媒体文案写作分析

创意准备工作	分析
明确目的	
找准需求	
构建用户画像	
分析竞争对手	
挖掘卖点	

8.3　新媒体文案的写作实践

8.3.1　列出创意纲要

列出文案的创意纲要有利于文案的写作。文案创作者在梳理创意纲要的时候首先要梳理清楚三个问题，即对谁说、说什么、在哪儿说。文案写作就像日常的沟通，面向的群体不一样，沟通的内容也会有所不同。因此，在写作前期梳理清楚上述问题，会让文案的创作更有方向性。

1. 对谁说（目标受众分析）

这个问题就是分析文案要给谁看，也是对目标人群进行分析。进一步细化目标受众的特征，如兴趣爱好、生活方式、消费习惯等，可以更好地写出吸引目标受众的文案。

2. 说什么（核心信息传达）

在对目标人群进行分析之后，企业还要考虑说什么，即向他们传达什么信息。企业在这一步需要深入挖掘产品卖点，参照竞争对手的说服策略，在此基础上提炼文案的内容。

3. 在哪儿说（传播渠道选择）

新媒体平台众多，不同的平台有不同的用户特点和传播机制。企业应根据目标人群选择合适的媒体平台进行文案的发布。

综上所述，文案的创意纲要一般包括：目标说明，即简单说明文案的写作目的或者想要解决的问题；对支持产品卖点的证据的简要说明；对品牌特点或者品牌风格的说明，即说明希望文案传达什么样的品牌价值。

8.3.2 确定题材与选材

1. 确定题材

（1）正能量胜过负能量。

相比于分享负面消极的新闻与故事，人们更愿意分享积极向上的内容与充满正能量的故事，正能量的文案也更有可能在网络走红。

研究发现，企业如果想要让自己的文案被更多人阅读，往往需要选择一个积极向上的主题与表达方式。在标题中使用正能量的词汇通常能够取得良好的效果。

（2）能够引起情感共鸣的内容更有利于传播。

一则文案越是能够引起用户的情感共鸣，就越有机会被广泛分享进而成为爆款文案。文案想要引起用户的情感共鸣，往往要先通过标题打动用户，如"回村三天，二舅治好了我的精神内耗"

有一些工具可以帮助企业在确定标题的时候正确使用情绪化语言。CoSchedule 标题分析器可以迅速教会用户如何通过正确选用词汇来提升标题醒目度。它能够检查用户在标题中使用的每 个词，并且将其分为四类：常用、少用、情绪化、有力度。标题中包含的情绪化词与有力度词越多，该标题就越能成为一个吸引人眼球的标题。

（3）实用信息更受欢迎。

那些能够帮助用户解决问题的文案、提出可行建议的文案及提供生活实用小窍门的文案总是能够大受欢迎，因为这类文案往往会通过新奇有趣的方式满足多数用户的需求。

如何打造实用内容？如何与用户加强互动？这要求企业在文案中多引用用户的评论，做用户调查，提出问题供用户讨论，其中最为重要的是让企业与用户的互动成为内容的一部分。

除了与用户加强互动，企业也可以分享一些研究成果、专业知识。但需要注意的是，不要简单地转述这些研究成果、专业知识，否则大部分用户会感到枯燥无味。所以在写文案时要注意转换语言和角度，向用户展示这些研究成果、专业知识如何在生活中帮助他们解决实际问题。

2. 选材

一般来说，蹭热点是比较吸引用户眼球的方式，尤其是蹭不能被提前获知的热点。这种热点的发酵时间短，要在短时间内找到热点与品牌的结合点的难度比较大，所以十分考验创作者的功底。企业应选择适合自己的热点，注意慎选负面新闻作为热点。

（1）讲新鲜或有趣的事。

每个人或多或少都会有猎奇心理，对新鲜或者有趣的事情会感到好奇，想一探究竟。企业如果能抓住用户的这一心理，再结合好的创意，就能吸引大量用户阅读文案，甚至主动传播文案。

例如，某个微信公众号就经常利用用户的猎奇心理，讲一些新鲜事，如《我们翻遍唐朝才子的聊天记录，没有一句话能证明杨贵妃是胖子》。在人们的传统认知中，杨贵妃的身材是偏胖的，这时候有一则文案说杨贵妃不胖，就会引起用户的阅读兴趣。

（2）引发情感共鸣。

当一则文案阐述了一定的道理或观点，让用户在情感上产生了共鸣，有了认同感，企业就抓住了用户。近年来国潮品牌兴起，但是真正以国潮元素将品牌做大不是一件简单的事情。李宁等品牌的文案积极将中华优秀传统文化元素有效融入产品，深度挖掘品牌文化价值内涵，打造"中国风+时尚"，在心灵深处打动消费者，引发消费者共鸣，在全球掀起中国潮。

（3）创作知识型文案。

知识型文案即文案能够满足用户的某些知识需求，或者用户阅读文案能够学到某方面的知识。如果企业只想针对某一类用户做营销，那不妨试试创作知识型文案。

2017年5月，天猫在知乎提出三条以理想生活为主题的问题，通过从"兴趣爱好如何改变人生轨迹"到"有哪些钱包被掏空的体验类故事"再到"买哪些东西能实现自己的理想"的递进式提问，天猫充分引发知乎用户分享自己的经历的兴趣。在这个过程中，天猫不仅传递了"理想生活上天猫"的概念，也与知乎用户建立了联系。

更多品牌已经开始用自身的品牌知识来满足消费者的求知需求，从而通过细致深入的专业解答来树立自身在某一领域值得信任的形象。

（4）放大痛点。

驱使一个人行动的原因通常有两种：追求快乐和逃离痛苦。所以选材内容可以放大痛点。

海飞丝有一则很简短的文案——"去屑实力派，当然海飞丝"，该文案呈现的痛点很明确，即一些用户会产生大量头屑，其给出的解决方法也很直白，即使用海飞丝的产品洗头。

放大痛点时企业一定要把握分寸，不宣传产品不具备的功能，否则可能适得其反，让用户产生厌恶情绪。

（5）构建场景。

企业要善于把文字视觉化，构建场景，给用户视觉震撼和刺激。

例如，"怕上火喝王老吉"这句广告语告诉消费者，王老吉凉茶饮料拥有清火去热的功效。这句广告语的出处是王老吉的一则电视广告，画面呈现的是一群人在吃完火锅之后，不忘喝上一罐王老吉，生动诠释了王老吉作为凉茶饮料所具有的功效。

（6）合适的语言风格。

根据不同的目标群体，文案应采用不同风格的语言，下面以三类文案为例进行说明。

文化传播类：传递文化价值，引发情感共鸣。语言风格公式：美学意象+时空对话+当代解构。

生活服务类：解决实际问题，促成即时转化。语言风格公式：痛点场景+利益可视化+行动催化。

科普营销类：降低认知门槛，建立专业信任。语言风格公式：反常识切入+数据锚点+生活化类比。

8.3.3 标题

对于文案而言，标题非常重要，文案想要吸引用户阅读就要有一个吸引力强的标题。

用户阅读文案基本是在碎片化时间完成的，一个好的标题往往能在短时间内吸引用户点击并阅读文案。怎样才能写出吸引用户的标题呢？下面介绍五种写作方式。

1. 利益化

用户阅读文案总是有原因的，要么觉得文案有趣，要么觉得文案有用。利益式标题就是直接指出利益点的标题，能告诉用户文案给他带来的好处。写利益式标题的方法有两种。一种是直接阐述利益点，如"学会这 3 招，让你立刻年轻 10 岁"，这个标题传递了保养美容的利益点。另一种是隐喻，即使用"攻略""指南""秘诀"等词来强调用户可获得的利益，如"月薪 3 000 元到 30 000 元的快速进阶秘诀"。

2. 资讯化

大部分用户都有了解资讯的需求，所以资讯型标题也能吸引用户点击并阅读文案。当然，使用资讯型标题的前提是企业的目标受众具有明显的特征，否则容易导致用户流失。

3. 猎奇化

利用人们的猎奇心理，使标题充满新鲜感，也是吸引用户点击并阅读文案的一种方式。比较常用的句式是疑问句，如"罗振宇 60 秒：春晚剧组是怎么工作的？"

4. 标签化

利用用户的从众心理，为用户贴标签，打造联合性群体或者崇拜性群体，就可以吸引具备相同属性的用户阅读并分享文案。例如，"20 多岁的女生如何驾驭正红色？"这个标题就对用户进行了归类，可以吸引 20 多岁的女生阅读这则文案。

5. 蹭热点

确定选题时可以蹭热点，写标题时一样也可以蹭热点。毕竟热点在短时间内能够吸引用户的眼球，具有较高的传播度和关注度。基本方法是将热点文案联系自己的图文内容，达到吸引用户的目的，如"人工智能 ChatGPT 遇到了难题！"。

> !!! 温馨提示
>
> 千万不要做"标题党"。做"标题党"虽然能够吸引很多用户阅读文案，但是现在很多自媒体平台对文案标题审核得越来越严，若在审核过程中发现"题不对文"，会对账号进行扣分处理，严重的甚至会封号。同时，"题不对文"也会影响用户的体验，引起用户反感，对品牌推广产生不利的影响。另外，企业更不能断章取义、歪曲事实甚至制造假新闻，这会严重损害品牌权益，甚至会触及法律红线。

8.3.4 开头

用户打开一则文案后是否会继续阅读下去，往往取决于开头的质量。大部分文案都是在碎片化时间被阅读的，在这种情况下，标题写得好，用户就点开了，点开之后如果开头写得不好，用户就很难继续阅读下去。下面介绍几种写开头的方式，让用户可以对文案产生兴趣，继续阅读下去。

1. 设置悬念

在开头设置悬念，可以让人想不断地探究下去。

设置悬念时，可以制造认知冲突，即提出与用户认知相冲突的问题，让用户产生疑问。例如，用"工作3年不如应届毕业生，都是因为你太听话"来设置悬念，用户就会产生这类疑问："听话"不是褒义词吗？为什么"听话"反而不如应届毕业生呢？这就是利用认知冲突来设置悬念的方式。设置悬念时，还可以利用惊人结论，即插入一种包含数据的结论来引发用户的好奇心，如"对于大部分HR来说，阅读一份简历的时间平均只有5秒"。

2. 引发共鸣

创作者应站在用户的立场，想象用户可能遇到的一些问题，并据此写开头，让用户看完后觉得"是啊，我也有这些问题"。就像看病的时候，医生会问患者半夜是否出汗、是否经常耳鸣、是否容易烦躁等。创作者就像医生，需要诊断用户的问题，引发用户的共鸣。

3. 构建场景

在开头获取用户信任，就能让用户继续看下去。

如何获取用户信任呢？创作者可以利用讲故事的方式阐述自己也遇到过同样的问题，把用户带入具体的场景，让用户感同身受。

新媒体文案开头的有五种类型：故事型、图片型、简洁型、思考型、金句型。

（1）故事型。

从用户的角度来看，读故事是没有阅读压力的。在写故事型开头时，创作者可直接把与正文内容相关的要素融入，让用户有兴趣读下去。

标题："从一张老照片，找回失落的时光记忆"。

开头：那是一个阳光明媚的下午，李阿姨在整理旧物时，无意中翻出了一张泛黄的老照片……

（2）图片型。

以一张图片作为文案的开头，可以吸引用户眼球，并能增强文案的表现力，如图8-1所示。

（3）简洁型。

如果标题十分简洁，那么开头也用一句话点题即可。

标题："关于如何成为会聊天的人的清单"。

开头：有些人很会聊天，处处都是人群中的焦点；有些人却是"话题终结者"，分分钟把天聊"死"。

（4）思考型。

思考型开头通常采用问句的形式，通过向用户提问，引导用户带着问题阅读后文。

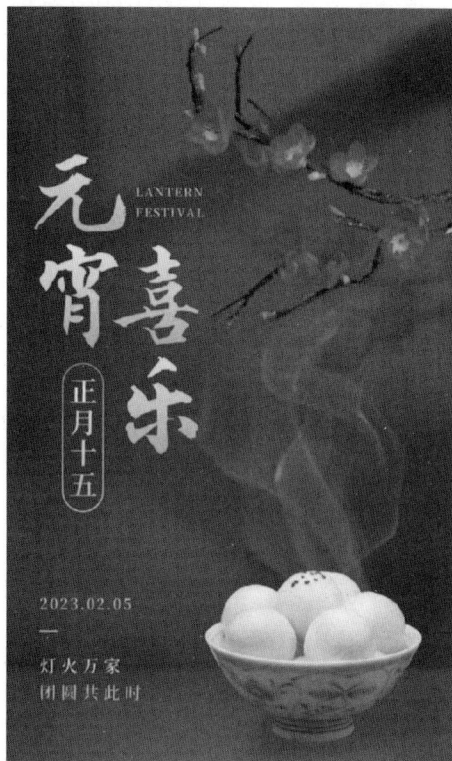

图 8-1　图片型开头

标题："你听信过最久的谣言或谎言是什么？"

开头：谁在童年时没有听过"华盛顿与樱桃树"的故事呢？华盛顿小时候砍倒了家里的樱桃树，他的父亲非常生气，华盛顿很害怕，但还是鼓起勇气承认了错误，他的父亲便说："诚实的品德比 100 棵樱桃树更宝贵。"

（5）金句型。

发人深省、一针见血的句子，称为金句。在开头引用金句，可以直击人心，令用户继续阅读下去。

标题："你永远可以相信中国女足！"

开头：在所有人都不看好中国女足的时候，她们爆发了自己的能量。在实力不占任何优势、核心球员又在赛前突然受伤的情况下，中国女足在加时赛最后时刻扳平比分，并在点球大战中取得胜利。

8.3.5　正文

开头构建完成之后就进入正文的创作阶段了，正文是对主题内容的具体展开，更具体地讲，写正文就是将主题划分成若干小标题，然后一一进行扩展。小标题与小标题之间是有机联系的，创作者还需要处理好从一个小标题过渡到另外一个小标题的问题。

正文既是文章核心内容，也是每一个小标题下所要扩展的内容。写正文的一般步骤如下。首先写定义，如要介绍如何实现分享裂变，就需要先介绍什么是分享裂变。接着写意义，如在介绍分享裂变的技巧之前，需要先介绍分享裂变的意义。然后写方法，如在介绍通过分享裂变来涨粉时，需要介绍步骤是怎么样的，而且这时介绍的是相对抽象的步骤。最后可以举例说明。例子是具体的，可以让用户明白具体是怎么做的。

新手创作者常认为自己文采不好，写不好文案。实际上，新媒体文案对于文采的要求并不高，重要的不是文采，而是思路清晰，即清晰的段落架构。新手创作者可以尝试采用以下五种常见的段落架构。

1. 瀑布式

瀑布式架构中，创作者应先点明文案的核心思想，接着按照故事的起因、经过、结果等顺序将故事讲明白，逐层推进，说明问题。在这个过程中，创作者可采用数字化、体验化或历程化的标题突出观点。

2. 水泵式

水泵式架构与瀑布式架构刚好相反，要求创作者先剖析观点或讲故事，再提炼文案的核心思想。

3. 沙漏式

沙漏式架构指的是文章首尾呼应，开头提出核心观点，结尾再次强调或升华观点。

4. 盘点式

盘点式架构大多由创作者对产品、模式、行为进行盘点整合而成，省去了"找素材、做总结"的步骤，帮用户节省了时间。在盘点式架构中，创作者可以采用数字化标题。

5. 并列式

并列式架构由三个及以上相互之间无联系的部分组成，各部分独立性强，可从不同角度对问题进行描述。

8.3.6 结尾

文案创作的目的是让用户对相应产品有良好印象，并且能点击相应的产品链接，产生购买行为。因此，文案结尾最重要的作用就是呼唤行动。有的人看完文案会大呼"写得太好了"，点赞文案后将其转发到朋友圈；有的人会喜欢文案中描述的产品，并通过点击链接购买产品；有的人会把自己当时的感受或想法写在评论区；当然，还有的人会抱怨"看了半天原来是个广告啊"，然后生气地关掉页面。对前三种情况，呼唤行动分别如下。对第一种情况是引导评论，鼓励用户评论，增强文案的互动性；对第二种情况是引导点击链接，即给用户提供可以直接点击的链接；对第三种情况是引导用户点赞、关注等。对最后这种情况，则需要反思文案创作的设计与创作。

新媒体文案结尾可以从场景、金句、提问、"神转折"四个角度进行设计。

1. 场景

在结尾构建场景，更容易使文案打动人心。在结尾构建的场景最好与用户的生活有关。例如，对于育儿相关的文案，可以构建妈妈和孩子在一起的场景；对于职场相关的文案，可以构建加班的场景；等等。

在结尾构建场景主要有以下三种作用。

（1）唤醒需求。

例如，外卖一般是点给自己的，某外卖品牌则构建了另一种场景：传达心意。暗恋对象在加班，点一份外卖给他，他看到包装上的"盛给远在城里的亲人"，心里一定会很暖。

（2）模拟体验。

心理学中有一个很经典的理论，叫作虚拟所有权效应：当人们开始想象拥有某样东西时，它就在人们心中变得珍贵了，当人们害怕失去它时，就容易做出非理性的消费决策。

化妆品的试用、超市里的试吃、售楼处的样板房、付费视频的试看，利用的都是这一效应。例如，在柔软的床上躺了一下，可能就想把床搬回家；在专卖店试穿了一件大衣，可能就会想象自己穿着它去约会……这样即使产品价格超出预算，人们也可能会将它买下来。

（3）引发关注。

珀莱雅和壹心理在"世界精神卫生日"发布了一则公益广告《回声》，其中构建了一些令人情绪低落的场景，引发了用户的大量关注。由此可见，用场景吸引注意时，虽然未必非得营造负面体验，但负面体验给人的感受往往更深刻。

2. 金句

转发率高的文案结尾通常包含一些金句，这些金句能起到画龙点睛的作用。常用的金句分为名人名言、原创金句两种。

例如，在奋斗类文案结尾，可以引用："世上最快乐的事，莫过于为理想而奋斗。"

3. 提问

在结尾进行提问有两个方面的作用。一方面，提问的力度比陈述大，可以引导用户思考；另一方面，提问可以引发用户互动，增强用户的参与感。

案例：为了变得不再"玻璃心"，大家曾做过哪些努力？欢迎在评论区分享。

4. "神转折"

"神转折"的结尾，即用"无厘头"的思维，把两件"八竿子打不着"的事联系起来。"神转折"的结尾有一种强烈的反差感，使用户读起来觉得有趣，自然容易主动进行传播。

例如，在娱乐场所，一位穿着古代服饰的女子意外穿越，一脸茫然的她不知道身在何处，还被两位女生当成了模特，拉来一起合影。古代女子问她们现在是哪朝，她俩一致回答"国潮啊"，最后古代女子还被"安利"了国潮单品。借助这个穿越的故事，天猫打出"别问是哪朝，问就是国潮"的口号，用谐音的方式将"朝"与"潮"联系在一起，顺利引出"海量国潮"的卖点。

但需要注意的是，文案的每一个部分都是有机的整体，需要和其他部分产生联系，结尾也需要承接前文。如何写好结尾呢？先总结，总结之后再呼唤行动。

总结如何做？可分为三个步骤：第一，提出注意事项，即用户有哪些需要注意的地方；第二，重申逻辑，对前文提到的逻辑进行进一步提炼；第三，强调用户利益，即告诉用户他能获得什么。并不是所有的结尾都需要将这三个部分包含进去，要结合文案的实际情况，适当取舍。

8.3.7　文案配图和音视频选择

想要提升用户的阅读体验，可以在文案中插入合适的图片、音视频，强烈的视觉效果和听觉效果能对用户产生极大的吸引力。例如，在设置封面的时候，创作者要注意配图与标题相呼应，并且要保证图片的质量，让用户能够产生点击的欲望。文案一般配三张图为宜，这样的文案一般比配单张图的文案更受平台推荐。若文案中插入视频，则视频时长不宜过长，时长过长的视频很难被完整看完。

在音视频选择上，要确保内容与文案主题紧密相关，音质视频清晰度高。音乐应与文案氛围相匹配，增强情感表达。视频需简洁明了，突出关键信息，避免冗长和无关内容，确保用户能够轻松理解并享受视听盛宴，提升整体阅读体验。

同步训练

自选主题和平台，根据文案写作步骤完成一篇优质文案的写作，并将相关信息填至表 8-3 中。

表 8-3　文案写作步骤

步骤	文案写作
列出创意纲要	
确定题材与选材	
标题	
开头	
正文	
结尾	
文案配图和音视频选择	

8.4　新媒体文案的写作技巧

8.4.1　场景思维

场景思维是新媒体运营人员必备的思维方式之一，指通过构建具体的场景来增强文案的代入感和吸引力，使用户能够更好地理解和感受产品或服务所带来的价值和体验。运用场景思维写新媒体文案，需想象目标受众的生活场景，将产品或服务融入其中，描述使用前后的变化或体验，营造代入感。

8.4.2　利用情感

现在的产品同质化情况比较严重，企业想要更好地进行推广，就需要打感情牌，即提供情绪价值。

例如，橱窗一般会是每个门店中最漂亮、最吸引人的区域，会花费设计师极大的精力，店内播放的音乐通常也是精心挑选的。这一切都在营造一个激发消费者情绪的场景。

在撰写新媒体文案时，创作者需要整合所有资源来激发这样的情感，如用具有情感的文字或者图片、音乐等，将目标人群带入到营造的氛围中去。

8.4.3　呈现数据

随着互联网的快速发展，用户想要获取一款产品的信息越来越简单。其中，产品数据发挥的作用越来越大，很多知名产品都是通过呈现真实的数据来快速打开市场的。

人们常说"用数据说话"，如在会议中用数据说明工作成效会更有说服力，同理，在文案中用数据展现卖点也更能让用户信服。

2015 年，智能手机市场竞争激烈，除小米、魅族、三星、锤子、苹果外，格力也在生产手机，各品牌都在推陈出新，在营销上费尽心思。其中，有一个手机品牌凭借一则文案火了，那就是 OPPO。

在当时智能手机普遍续航能力不足的情况下，OPPO 使用了"充电 5 分钟，通话 2 小时"的文案，这则文案用数据简单明了地说明了 OPPO 的最大卖点——快充技术。其实，OPPO 在 2014 年就已经推出过使用快充技术的手机，但直到 2015 年 OPPO 针对 OPPO R7 使用这则文案，才使这一技术为大众所熟知。

如果直接说"OPPO 手机充电就是快"，受众是无感的；但是如果说"充电 5 分钟，通话 2 小时"，大部分人能够立刻感受到 OPPO 手机充电很快这个卖点。因此，数据的引入可以让信息变得更准确可信。

用数据来说明产品卖点的例子还有很多。如精工表的"10 000 次撞击，精工表依然精确无比"，用"10 000 次撞击"的数据来说明精工表的耐用精确；大白兔奶糖的"7 粒大白兔奶糖等于 1 杯牛奶"，表明大白兔奶糖的牛奶含量很高。

文案中的数据越准确越好，尤其是涉及产品成分时，如象牙香皂的文案"99.44%的纯粹"。象牙公司曾让一位化学分析师对象牙香皂进行了成分分析，化学分析师发现除了极少量的游离碱等其他物质，主要成分含量达到了 99.44%。由于这个数据精确到了小数点后面两位，因此能给人一种专业、值得信赖的感觉。

呈现数据的原则是能用阿拉伯数字就不用中文数字。例如，"100 元"比"一百元"更能打动人心，因为阿拉伯数字更直观。因此，多使用阿拉伯数字，会提高用户对文案的理解速度。

8.4.4 借势热点

借势热点是新媒体运营人员必备的技能。借势热点有两个技巧：一个是快，一旦出现热点事件就要快速地写出内容，因为一般的热点时效性都很强；另一个是如果不能第一时间抓住热点，就需要根据自身的情况寻找合适的角度，或者从别人尚未发现的角度输出内容。

> **!!! 温馨提示**
>
> 网络不是法外之地。在网络上发布不明真假的消息，甚至恶意编造谣言，都是涉嫌违法犯罪的行为。每个人都应该通过正规渠道去了解信息，做到不信谣、不传谣、不造谣。

同步训练

撰写一则文案，找出自己在文案中运用的写作技巧，将相关信息汇总至表 8-4 中。

表 8-4　文案写作技巧汇总

文案内容	写作技巧

8.5　新媒体文案的传播

新媒体文案的传播对于品牌推广、信息传递起着重要的作用。关于脑白金的文案很多人一定耳熟能详——"今年过节不收礼，收礼只收脑白金"。类似的文案还有很多，如恒源祥于1991年使用的"羊，羊，羊"文案，这开启了使用重复文案传播的"创意先河"。

重复文案之所以行之有效，得益于当时有限的传播渠道。而随着时代的发展，特别是在新媒体平台的环境中，类似的做法需创新才能有更好的效果。新媒体文案的传播效果主要取决于推送时间和文案类型。

8.5.1　选择推送时间

想要让文案成为爆款，选择合适的文案推送时间非常关键。一般来说，在中午休息的时间或晚上下班后推送文案是比较好的。在这两个时间段，用户会有更多的空余时间来阅读。此外，文案类型不同，推送时间的选择也不一样。

一般来说，图文类文案的推送时间段主要有三个，分别是 9:00—10:00、15:00—16:00、

20:00—23:00。

9:00—10:00，用户更喜欢看资讯类的文案。这段时间可以说是用户的学习时间，此时能够帮助用户找到解决办法的文案更易受到用户的欢迎。

15:00—16:00，用户通常已做完了当天的大部分工作，这时推送轻松的、偏娱乐性质的文案推送效果会更好。

20:00—23:00，用户身心都进入了准备休息的状态，推送正经严肃的文案反而会引起用户的反感，这时更适合推送偏感性的文案。

当然，对于在什么时间推送什么类型的文案合适，新媒体运营人员最好在不同的时间进行推送测试来确定。

8.5.2 选择文案类型

想让文案能够广泛传播，不仅要使文案的内容吸引人，还需要在合适的平台进行传播。

1. 电商文案

电商文案触达用户的随机性较强，这有两方面的原因：一是很多流量是被电商平台的广告吸引而来的，广告的推送具有偶然性，由此吸引来的用户不一定是精准用户；二是用户不一定提前关注过此类产品或品牌，对品牌认同度并不高，运营者需要用文案来激发用户的潜在消费欲望。

所以电商文案往往突出核心利益点。例如，"××品牌 5 折优惠"这类文案直接呈现利益点，可以引导用户进行浏览或购买，从而提升页面点击率或成交转化率。

2. 微信公众号文案

从运营者角度分析，微信公众号主要分三种类型。第一种是企业品牌服务号或用户售后服务号，这种微信公众号的主体就是企业自身；第二种是借助流量运营手法做起来的"流量号"；第三种是有一定个人品牌或团队品牌属性的"人设号"。

不管是哪种类型的微信公众号，大部分订阅者在开始订阅微信公众号时可能并没有购物需求，但在阅读文案的过程中，订阅者被创作者说服，才产生购买欲望。微信公众号的文案需要有较强的吸引力和内在的说服力，才能持续影响用户，促成购买。

3. 朋友圈文案

朋友圈文案一般有两种，一种是个人在朋友圈里写的广告文案，另一种是平台或品牌方在朋友圈里投放广告时用的文案。

朋友圈文案的传播场景可以延伸到一切可能产生社交信任或社交行为的平台，如微博、QQ空间、小红书等。朋友圈文案也可以理解为在这些平台上，有一定社交信任感的人相互推荐产品的文案。

要想朋友圈文案取得好的传播效果，文案发布者必须注意以下细节。

（1）平时注意维护自己在朋友圈的人设，既要强化自身在某个领域的专业形象，增强带货说服力，也要适当发布自己的日常生活照片，增强亲和力。

（2）推荐的产品最好和自身在朋友圈的人设相符，而且文案发布者最好能亲自体验产品，并写出独特的使用感悟。

（3）文案风格采用与朋友聊天的语气，排版不需要太严谨。

（4）配上有说服力的朋友私聊截图或有冲击力的海报，能够大大增强转化效果。

（5）选择合适的时间发布，争取让更多朋友看到发布的内容。

在不同的平台中，文案的作用是不一样的，或者说文案设计的侧重点会有所不同。

在所有文案中，电商文案的传播路径相对较短，只有"流量推送展示—文案吸引—销售页面落地转化"三个环节。

微信公众号是用户主动订阅的，文案大多是偏长的文章或大段文字。用户在点开微信公众号之前会权衡是否要花时间去看一篇长文章，所以文案的标题有吸引力就显得非常重要。如果标题不能让用户产生点击欲望，整个文案的内容就无法被用户看到。当然，好的配图和导语也能提高文案的点击率。

朋友圈文案的传播基于社交信任，大家愿意看某个人的朋友圈文案，是因为对这个人有基本的信任；没有信任，文案即使被推送到用户眼前，也会被用户忽略。同时，如果某一个微信用户经常在朋友圈发广告，被他的"朋友"投诉，微信轻则限制他的朋友圈被更多人看到，重则封禁他的微信个人号。

同步训练

确定撰写文案的适用场景及合适的推送时间，将文案发布到新媒体平台，并将点击率、点赞数和转发量记录在下方。

_____

_____

_____

课后案例拓展

小米 13 Ultra 广告

2024 年 5 月 18 日，小米 13 Ultra 正式发布并携手实力演员张颂文，共同推出了一个温馨而深刻的广告主题——"从明天起，用小米 13 Ultra，定格每一刻幸福"。在这则广告中，张颂文以其独特的魅力和细腻的情感演绎，向我们展示了他如何使用小米 13 Ultra 捕捉并记录生活中那些平凡却珍贵的幸福瞬间。从晨光初照的公园，到午后咖啡馆的闲暇时光，再到夜晚家的温馨团聚，每一个场景都充满了生活的温度和情感的细腻。

广告文案更是细腻动人，它不仅仅是在描述一个产品的功能，更是在传达一种生活态度——"幸福在于当下"。张颂文的旁白与镜头语言完美结合，将每一个幸福的瞬间都定格得如此清晰，仿佛让观众也身临其境，感受到了那份来自心底的温暖和满足。这不仅仅是一次产品

新媒体营销与案例分析（微课版）

的推广，更是一次心灵的触动，让人们在忙碌与喧嚣中，重新审视并珍惜生活中的每一份美好。如图 8-2 所示。

图 8-2　小米 13 Ultra 广告

学有所思

你还了解哪些经典文案？

_____

_____

_____

_____

📖 AIGC 项目实训

使用 AIGC 工具辅助新媒体文案创作与优化

某大学创业孵化园内，有一个由大学生创立并运营的新媒体创业项目——创意飞扬工作室。该工作室专注于为国产品牌或校园周边商家提供新媒体推广服务，涵盖文案撰写、内容策划、社交媒体运营等多个方面。工作室成员均来自新闻传播、市场营销、数字媒体等相关专业，他们致力于利用 AIGC 工具来提升文案创作效率和质量，以更优质的服务回馈客户。近期，工作室承接了一项为国产文具品牌进行校园推广的任务，要求创作一系列能够吸引大学生群体的新媒体文案。

1. 实训要求

（1）内容主题：围绕国产文具品牌，创作一系列适合在校园内推广的新媒体文案，明确文案的目标受众为在校大学生，特别是那些对文具用品有较高需求或兴趣的学生群体，需包含标题、正文、结尾三部分，确保文案风格符合大学生的喜好和阅读习惯。

（2）数据反馈：通过模拟平台或真实社交媒体账号（如微信公众号、微博、小红书等）发布文案，并收集阅读量、点赞量、评论量等数据，用于后续效果评估。

2. 实训操作

（1）明确任务：首先分析国产文具品牌的目标定位和目标受众等基本信息。创意飞扬工作室成员将其定位高品质、国潮风，核心卖点是融合传统与现代的设计，满足学习与创意需求。目标受众是追求个性品质的大学生。

（2）设计指令：根据品牌分析，设计指令，例如，现需要为国产文具品牌创作一篇用于在校园内推广的微信公众号文案。需突出其国潮设计，同时也要强调文具的实用性，像书写流畅、耐用抗造、功能多样等。在语言风格上，要轻松幽默，可以多运用一些流行词汇，采用年轻化的表达方式，以成功吸引大学生群体的关注，也可以多举一些具体的文具品类例子，比如笔记本、中性笔、文件夹等，使文案更具画面感。

（3）发送指令：打开 DeepSeek 页面，在底部的文本框中输入要求，并按"Enter"键发送，查看给出的营销策略，如图 8-3 所示。

图 8-3　DeepSeek 生成关于国产文具品牌的新媒体文案

项目 9　新媒体数据分析

随着数字化时代迅速发展，新媒体发展迎来新的契机，数据分析成为当今新媒体营销的重要工具。本章结合新媒体发展需求，帮助大家学习新媒体数据分析的相关知识。

学习目标

价值塑造：在数据搜索和使用的过程中遵循相应的法律法规；培养实事求是的价值观和严谨认真的工作作风；遵守网络平台规则和文明公约。

知识掌握：了解新媒体数据分析的作用；熟悉新媒体数据的类别；掌握新媒体数据分析的方法；了解新媒体活动数据分析误区的规避方法。

能力提升：能够对数据进行收集、分类、整理；能够合理使用数据分析工具；能够根据企业需求进行新媒体用户数据分析；能够根据企业需求进行新媒体内容数据分析；能够撰写数据分析报告。

课前线上学习

在线资源学习

请同学们在课前自主学习在线课程，扫一扫右侧二维码开始学习。

自主学习测试

一、单选题

1. (　　) 是一个可以公开发布实时内容的新媒体平台，入门简便，发布形式非常多样，是一个全民皆可参与发布和分享的平台。

    A. 微信　　　　　　B. QQ　　　　　　C. 今日头条　　　　D. 微博

2. 在某段时间使用其产品，过了一段时间后，仍旧继续使用的用户，被称为 (　　)。

    A. 新增用户　　　　　　　　　　B. 活跃用户

    C. 留存用户　　　　　　　　　　D. 流失用户

3. （　　　）通过研究事物发展变化的因果关系来预测未来发展的趋势。

    A. 回归分析法   B. 矩阵分析法

    C. 结构分析法   D. 平均分析法

4. 数据类型是（　　　）而划分的数据类别。

    A. 为了区别不同特点的数据

    B. 为了相互兼容和转换

    C. 为了节省存储空间

    D. 以上都不对

二、多选题

1. 新媒体活动类型有（　　　）。

    A. 拉新类活动   B. 促活类活动   C. 留存类活动

    D. 付费类活动   E. 传播类活动

2. 微信公众号用户增长包含的关键指标有（　　　）。

    A. 新增人数   B. 阅读数   C. 取关人数

    D. 净增人数   E. 转评赞数   F. 累积人数

3. 产品文分析想要提高收益，可以从（　　　）方面下功夫。

    A. 阅读数   B. 点击转化率

    C. 产品购买转化率   D. 产品收益比例

4. 数据复盘的意义有（　　　）。

    A. 了解活动最终执行效果

    B. 分析不足，避免重复犯错

    C. 评估方案，分析最终完成数据

    D. 总结经验，确保下次做得更好

课中任务展开

9.1　新媒体数据分析概述

9.1.1　新媒体数据分析的定义

    数据分析是一个为提取有用信息和形成结论而对数据加以详细研究和概括总结的过程。新媒体数据分析是指通过系统化收集、整理、挖掘和解读新媒体平台产生的用户行为数据、内容传播数据及互动反馈数据，以评估运营效果、洞察用户需求、优化内容策略并支持决策的科学方法。

新媒体营销与案例分析（微课版）

9.1.2 新媒体数据分析的意义

1. 了解运营质量

新媒体运营的日常工作包括网站内容更新、微信公众号推广、微博发布、今日头条推送、朋友圈推送、视频推广、直播分享、粉丝维护、社群运营、微店运营、线上线下活动策划与组织等。这些工作是否有价值、是否能够有效实现运营目标，需要通过数据来了解与判断。

2. 预测运营方向

运营者需要时刻关注运营效果，及时调整策略。通过大数据分析，运营者可以实时监测用户反馈，从而及时调整策略，增强运营效果。

3. 控制运营成本

企业进行新媒体营销，一方面需要关注销售额的增长及品牌价值的提升，另一方面也需要时刻关注运营成本，尤其是广告成本。企业在每次投放广告前要综合近期的投放情况进行调整与优化，以控制成本。

4. 评估营销方案

企业分析过程数据，可以及时发现方案制定后在执行过程中遇到的问题，作为下次营销方案制定的参考。

5. 促进用户分享和转发

想要让用户分享或者转发内容，一般要做好两个方面的工作，一是取得用户对内容的认可，二是帮助用户获得价值或者帮助用户表达自己想要表达的内容。通过数据分析，企业可以精准捕捉用户的兴趣所在，从而促进用户分享和转发。

6. 加强与用户间的互动

用户评论是与用户互动的关键行为。通过用户评论数据分析，企业可以发现活跃用户、加强互动，增强用户黏性。

7. 提升内容选题的质量

好的选题能够争取高阅读量、高传播量、高互动量。运营者想要快速找到优质的选题，除了借助热点，也可以通过数据分析，有针对性地进行内容输出。

9.1.3 新媒体数据的类别

平台不同，数据展示形式不同，统计方式和分析方式也会有一定的差别，只有我们先了解和掌握常见的新媒体数据类别，才能有针对性地分析数据。

1. 按照数据呈现形式

按照数据呈现形式，新媒体数据可以分为数值型数据和图文型数据两类。

（1）数值型数据主要由数字组成，通过数字进行对应的统计和分析，总结并评估运营的结果，如阅读量、粉丝量、销售数据、浏览数据以及各种活动的参与统计数据等。

（2）图文型数据一般是指网站栏目分类、账号粉丝分类、消费者反馈以及各种平台的矩阵分布等。

2. 按照数据分析功能

按照数据分析功能，新媒体数据可以分为流量数据、销售数据、内容数据以及执行数据。

（1）流量数据即网站或网店流量分析数据。我们通过对访问量、访问时间、跳出量、跳出率等流量数据进行分析，可以评估网站运营的基础情况，如图9-1所示。

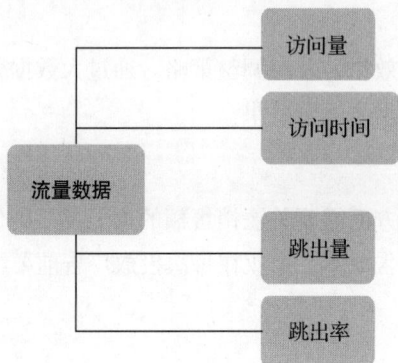

图9-1　常见的流量数据

（2）销售数据即对下单数量、支付比例、二次购买比例等进行分析后得到的数据。销售数据主要分为以下两类，如图9-2所示。

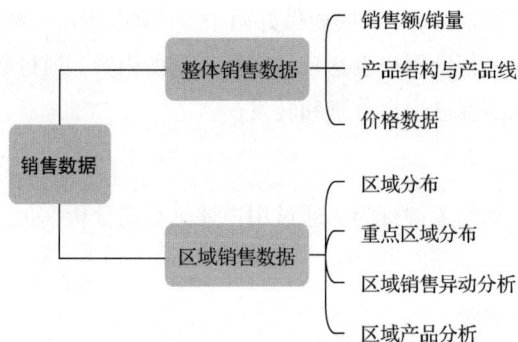

图9-2　销售数据分类

（3）内容数据是与内容相关的数据，其特点为碎片化、丰富性和非线性。

碎片化：内容信息传播的即时性、海量性使人们的注意力更加分散，进行内容分析时如何对信息进行有效整合成为关键。

丰富性：内容信息是一种融合图片、文字、动画、声音、视频等多种形式的具有交互性的信息。

非线性：新媒体内容的组织和呈现方式不遵循传统的线性逻辑，而是通过超链接、交互式元素等方式，允许用户以非顺序的方式浏览和探索信息。

（4）执行数据用于评估团队成员的日常执行工作效果，包括文章撰写速度等。新媒体工作是否有效率，可以借助执行数据进行分析。

9.1.4 新媒体数据分析的目的

1. 评估运营结果，打造爆款产品

运营是对运营过程的计划、组织、实施和控制，是与产品生产和服务创造密切相关的各项管理工作的总称。新媒体数据分析通过量化运营效果，为内容优化提供科学依据。同时，新媒体数据分析通过实时监测数据波动，快速调整策略，最终通过数据驱动的迭代优化，系统性提升打造爆款产品概率。

2. 构建用户画像，增强用户黏性

用户画像及用户标签化信息是指企业通过数据分析得出的，包含人口属性、兴趣爱好、社交信息、消费习惯等的用户信息，全貌用户画像包含用户的性别分布、连接分布等信息。新媒体运营工作围绕用户展开，构建用户画像是很关键的一步。如果不清楚用户是谁，企业在运营工作中就会没有着力点，也就无法评估工作开展效果的好坏。

以微信为例，所有的发展和建设都必须建立在微信粉丝群上，因此运营者要特别关心用户的动态，了解用户数量的变化。同时，微信后台的图文数据分析能够帮助运营者找出内容的不足，从而打造更吸引用户的内容。如果一篇文章不仅阅读量达到一定的水平，转发量也非常高，就说明用户对文章的内容非常感兴趣，用户有可能通过转载的方式让内容的传播范围更广。运营者可以通过图文数据来判断用户的喜好，然后打造受他们欢迎的内容，这样就能增强用户的黏性。

3. 明确运营方向，加强内容把握

运营者进行平台内容运营时，可以通过对数据的综合分析得知哪些内容更受用户的欢迎，从而加强对内容的把握，以达到更好的营销效果。

运营方向一般由用户需求和企业自身优势共同决定。对于用户需求，企业可以通过分析后台用户反馈数据得到相关信息，如用户的留言、评论等；对于自身优势，企业可以从以往推送的内容中得到相关信息，如哪些选题比较受欢迎。

4. 把握市场变化，获得相关利润

对于运营者来说，运营的最终目的是赚取利润。新媒体运营有很多重要的环节，吸粉引流、打开营销渠道、内容编排都是为商业变现做铺垫。数据分析是实现这些环节的前提，没有数据分析，运营者就不能全面客观地了解用户的喜好，也不知道怎么打造用户喜欢的内容，进而无法吸引用户关注账号，也就无法实现商业变现。

腾讯、百度等大型互联网公司都开放了以海量用户行为数据为基础的数据分享平台，运营者可以登录相关网站查看，通过大数据研究关键词关注趋势、洞察用户需求变化、监测媒体舆情趋势等，还可以从行业视角分析市场特点、洞悉品牌表现，更好地把握市场变化，帮助企业赢利。

9.1.5 常用的数据分析工具

目前常用的数据分析工具有新榜、清博大数据、神策数据、GrowingIO、伯格推广、数说聚合、易赞、微舆情、西瓜数据、微信指数、大数据导航网、Excel 等。

同步训练

1. 新媒体数据分析的目的有哪些？

_____

_____

2. 新媒体数据按照数据分析功能可以分几大类？

_____

_____

3. 列举 3 种常用的数据分析工具，并介绍它们分别用来分析什么数据内容。

_____

_____

9.2　新媒体数据的处理与分析

9.2.1　数据分析基础步骤

1. 确定分析目的

在数据分析的开始阶段，企业需要明确数据分析的目的。

　　例如，在过去的 3 个月内，某订阅号的文末广告位转化率持续下滑，原本 100 人阅读文章后会有 5 人注册（转化），到了本月，100 人阅读后只有 2 人注册（转化）。

　　这时候数据分析的目的就是了解转化率下滑的原因，以针对性地解决问题，从而提高转化率。

2. 拆解核心指标

确定分析目的后，我们要按步骤来拆解核心指标。

　　例如，某公众号发布了一篇文章，从用户看到文章标题、点击阅读到看到文末的广告、注册或忽略，这个过程包括至少三个步骤——曝光、点击、注册（转化），整个过程都需要不断测试优化。

为什么用户最后没有注册（转化）？可能是因为文章标题不好，文案没有吸引力，内容不够打动人，或者其他原因。

3. 制造数据埋点

确定了目的，也拆解出了达到这个目的的核心指标，接下来就是采取一些优化措施。这一步关键要看数据埋点。数据埋点是针对特定用户行为或事件进行捕获、处理和发送的相关技术，是一种常用的数据采集方法。

4. 收集运营数据

埋好点之后，企业需要把这些数据收集起来，可以理解为做一个 Excel 表格，把每天需要的数据统计起来。

5. 数据复盘

数据复盘就是通过分析数据，发现问题并分析原因，并通过对比之前的数据，了解当前情况是否有所改善。如果有所改善，就可以继续使用这个新策略；如果没有改善，就继续寻找新的优化方案，不断地测试。

9.2.2　数据挖掘步骤

和传统的营销推广方式不同，新媒体营销是一种更为主动的营销。新媒体营销要求企业以发展的眼光来看待用户，主动分析用户数据以及内容数据，从数据中寻找用户关注的热点内容，通过数据分析新用户的增长和老客户的流失情况以及可能的原因等。

1. 收集数据

各种新媒体平台是主要的数据来源，在平台上收集的数据都具有很大参考价值。例如，微信后台统计功能下有六个分析项目：用户分析、图文分析、菜单分析、消息分析、接口分析、网页分析。这些项目中都有相应的趋势图，运营者可以更直观地看到数据。

2. 整理数据

先把后台的数据导出来，然后选一种比较容易上手的方式整理，这样既可得到准确的数据，也不会浪费太多的时间。运营者要想直观地进行分析，可以使用折线图、饼状图、条形图、面积图、XY 散点图等来展现分析结果。

3. 分析数据

整理完数据之后，运营者就要对整理得到的数据进行分析对比，分析相应趋势变化并记录下来，为以后的运营打下基础，积累相关的经验。

9.2.3　数据加工与处理

数据加工与处理可以利用 Excel 进行，下面介绍四种利用 Excel 的方法。

1. 数据合并

许多表格中的数据开始时是杂乱无章的，合并后统计出的数据更直观，如表 9-1 和表 9-2 所示。

表 9-1　微博、微信销量对比统计表

微信销量统计表				微博销量统计表			
日期	阅读量/次	点击量/次	下单量/次	日期	阅读量/次	点击量/次	下单量/次
2022-11-23	500	3 000	121	2022-11-23	5 000	500	99
2022-11-24	800	4 897	222	2022-11-24	8 000	800	299
2022-11-25	1 598	8 987	454	2022-11-25	11 000	1 100	599

表 9-2　微博、微信销量统计合并表

销量统计表				
对比维度	日期	阅读量/次	点击量/次	下单量/次
微博	2022-11-23	5 000	500	99
	2022-11-24	8 000	800	299
	2022-11-25	11 000	1 100	599
微信	2022-11-23	500	3 000	121
	2022-11-24	800	4 897	222
	2022-11-25	1 598	8 987	454

2. 数据修正

无论是手动统计得到的数据，还是通过平台或第三方下载的数据，都有可能出现问题，这时候就需要进行数据修正。数据修正一般有删除异常数据和缺失增补两种方式。

3. 公式计算

比较常用的计算方法主要有数据求和、计算平均数、计算比例、计算稳定性及条件计算等。

4. 数据组合

原始数据中会有不同的数据混在一起，这时需要采用一些数据分析的方法将数据重新组合，从而使数据分析工作更加高效。

9.2.4　新媒体数据分析的方法

1. 对比分析法

对比分析法，是指将两个或两个以上的数据进行对比、分析，进而揭示这些数据背后的规律，如图 9-3 所示。对比分析法包括横向比较及纵向比较。横向比较，即对同类的两个或两个以上的事物进行比较；纵向比较，指对同一事物在不同时期的形态进行比较。

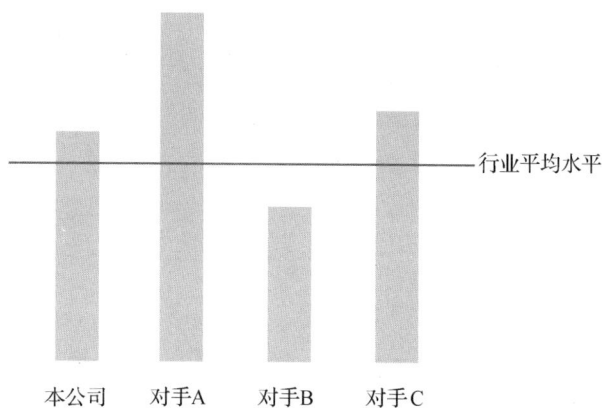

图 9-3　对比分析法图解

我们通过对比分析法可直接了解营销的质量以及目前的营销水平,一方面可以及时发现企业当前的薄弱环节,以便进行优化突破;另一方面可以找到当前比较有优势的环节,后期予以保持。

2. 分组分析法

分组分析法是指通过一定的指标,对分析对象进行分组分析。利用这种方法进行数据分析时,分组条件要明确,数据既不能交叉,也不能遗漏。这种分析方法能帮助运营者深入了解分析对象的不同特征、性质以及相互关系。

3. 结构分析法

结构分析法,简单来说就是将各部分与总体进行比较。它是在统计分组的基础上,对组内数据与总体数据进行对比的分析方法。结构分析法分析各组部分占总体的比例,能得到相对指标。

4. 平均分析法

平均分析法是指用平均数来衡量总体在一定的时间、地点等条件下某一类数据的一般水平,常见的平均数包括算术平均值、几何平均值、对数平均值等。通常来说,具体数值会在平均数附近波动,因此平均数从一定程度上说可用于预测数据接下来的发展趋势,可以帮助运营者分析未来趋势和规律。

5. 矩阵分析法

矩阵分析法是一种定量分析问题的方法,它是以两个重要指标作为分析依据,并将这两个指标作为横、纵坐标轴,构成四个象限,从而找出解决问题的办法,为运营者提供数据参考。运营者可以将重要性作为第一指标来进行排序,可以更加直观地了解对自己来说哪些数据是重要的。

6. 漏斗图分析法

漏斗图分析法是指利用一张漏斗图对多种数据依次进行呈现,如图 9-4 所示。漏斗图可以对阅读量、购买数等情况进行逐层分析,展示过程中关键环节转化情况。

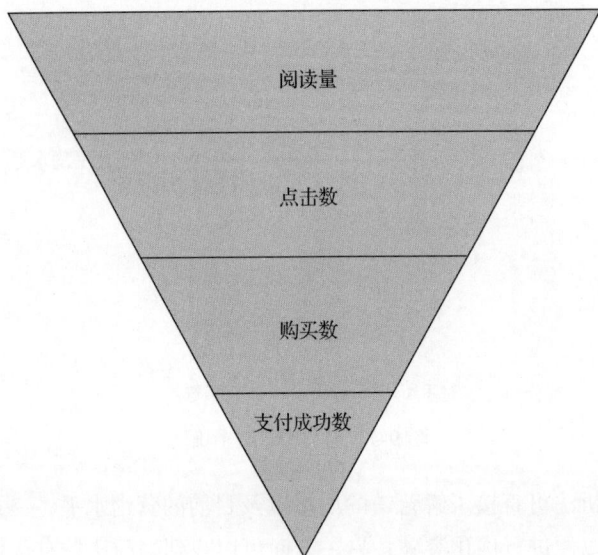

图 9-4　漏斗图分析法图解

7. 回归分析法

回归分析法通过研究事物发展变化的因果关系来预测未来发展的趋势。例如，将今日头条粉丝数据导出，对累计粉丝量进行一元线性回归分析，就可以尝试预测某个时间的粉丝量。

8. 雷达分析法

雷达分析法是指通过一张雷达分析图对各类数据进行直观呈现，并在此基础上对数据进行对比分析，如图 9-5 所示。其优势在于可以同时比较多个数据的数值，从而找出数值相对较低的数据。雷达分析法常被用来寻找运营过程中的薄弱环节。

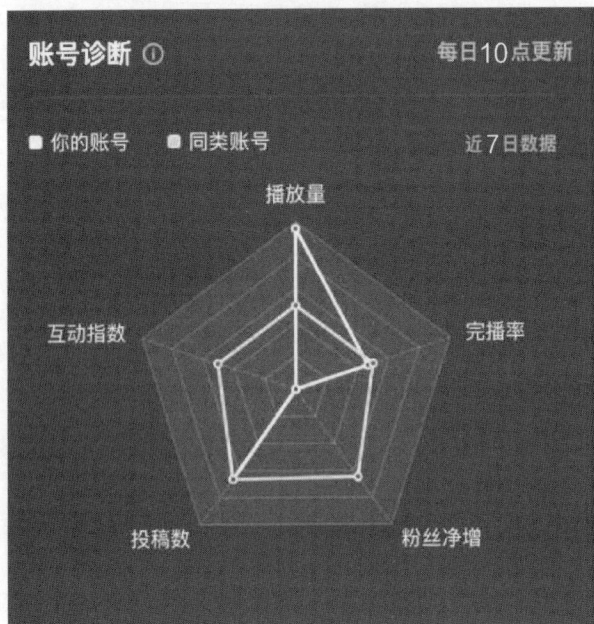

图 9-5　雷达分析法图解

1. 概述数据分析的基础步骤。

_____

_____

_____

2. 列举三种新媒体数据分析方法。

_____

_____

_____

3. 从新媒体数据分析的八种方法中选取一种进行实操训练，将过程和你的感受写下来。

_____

_____

_____

9.3　微信公众号数据分析

微信公众号利用微信公众平台进行自媒体活动，简单来说就是进行一对多的媒体性活动。进行微信公众号数据分析，能够帮助运营者更好地运营微信公众号，发现问题并根据分析的结果解决问题。

1. 用户分析

用户分析的指标包括用户增长数据、用户属性数据、累积用户数据等。

2. 菜单分析

微信公众号在消息界面底部设置了自定义菜单作为与用户互动的入口，用户可以通过点击菜单选项，选择不同的功能，进入不同的界面，如图 9-6 所示。

通过对菜单数据的分析，可以快速看出用户对每个功能的使用情况及满意程度，点击次数越多，说明使用群体越多、覆盖面越广。

图 9-6　某微信公众号菜单界面

3．内容分析

运营者除了可以看到总体数据，还可以看到单篇群发数据和单个视频数据，这样可以针对每次推送的内容进行数据分析，判断用户的互动量和对内容的喜爱程度，从而更好地展开营销。

4．消息关键词分析

在运营者设置好关键词规则后，当用户在微信公众号消息界面发送该关键词时，微信公众号会自动回复设置好的内容。在微信公众号后台，运营者通过看到不同关键词的出现次数来了解用户喜好。

同步训练

1．为什么说微信公众号数据分析具有必要性？

_____

_____

_____

2．进入微信公众号后台，了解、熟悉数据分析应用工具尝试自己写一篇文案并发布，一段时间后分析后台数据，并记录。

_____

_____

_____

9.4 今日头条数据分析

1. 内容分析

我们通过内容分析可以看到今日头条发布内容的推荐量、阅读量、粉丝阅读量和评论量数据。分析今日头条数据，可在今日头条 App 内打开"我的"，点击"创作中心"，如图 9-7、图 9-8 所示，在"创作中心"页面点击"总阅读（播放）量"，如图 9-9 所示。在"消费分析"中还可以进行时间筛选，选择时间后，下边的图表就会变为折线图，反映文章最近的数据趋势变化。将筛选的时间拉得足够长，可以看出文章的发布时间呈现的周期性变化，从而找到某一时间段内哪篇文章的推荐量、阅读量等数据表现好，逐步积累相应经验，并分析数据好的原因是选题好、结合了热点，还是发布的时间点击率高。

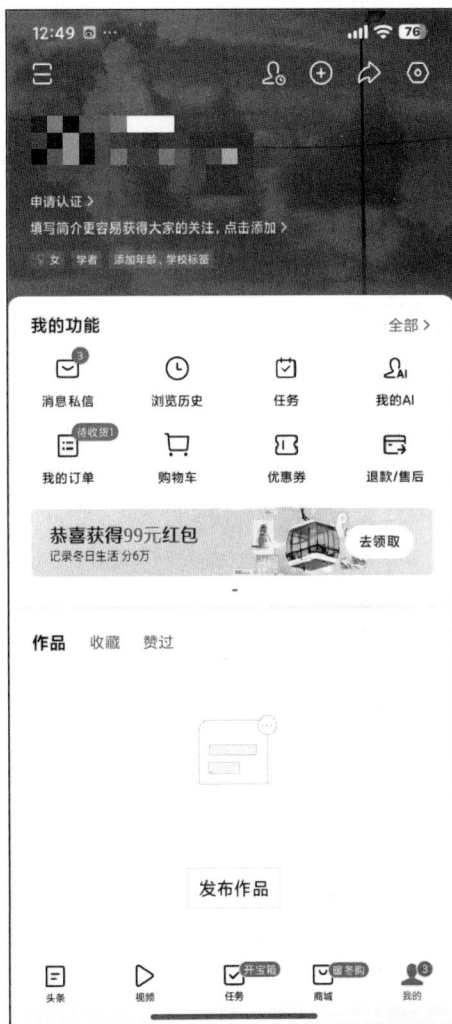

图 9-7 "我的"界面

图 9-8　"创作中心"页面　　　　　图 9-9　"总阅读（播放）量"页面

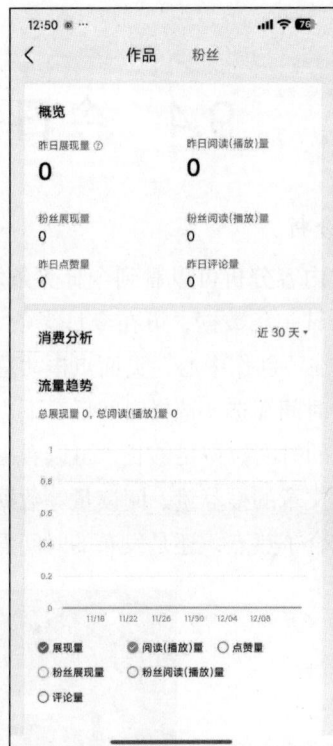

2. 文章分析

我们在"创作中心"找到想查看的文章，点击对应的"详细数据"，如图 9-10 所示，可以看到这篇文章的平均阅读进度，从而判断文章选题和内容创作的吸引力。

图 9-10　点击"详细数据"

3. 粉丝分析

后台展示了上一日的关键数据，包括新增粉丝、取消关注、净增粉丝和累计粉丝，我们可以了解头条号每天的粉丝状况，间接判断每日内容的受欢迎程度。

同步训练

在今日头条的内容分析模块中可以看到哪些数据？

_____

_____

_____

_____

9.5 新媒体活动数据分析

9.5.1 活动类型及对应指标

在分析活动数据之前，运营者首先要明确活动的核心指标，这些指标通常取决于活动目的。常见的活动目的有拉新、促活、留存、付费或传播。

1. 拉新类活动

拉新类活动是指通过新媒体手段增加粉丝数量的活动，这类活动的核心指标通常是新增粉丝数，如关注并@3 个好友的抽奖活动、微博涨粉话题都是拉新类活动。

2. 促活类活动

促活类活动是为了提高现有粉丝活跃程度的活动，这类活动的核心指标通常是活跃粉丝数或活跃率，如留言互动就是促活类活动。

3. 留存类活动

留存类活动是指增强粉丝黏性、减少粉丝流失的活动，这类活动的核心指标通常是次日留存率、7 日留存率和 30 日留存率，留存类活动往往是持续性的。

4. 付费类活动

付费类活动是指引导粉丝付费的活动，核心指标包括付费人数、消费金额、付费订单总量、人均客单价和新增付费人数。例如，在微信公众号上卖产品、卖微课的活动就是付费类活动。

5. 传播类活动

传播类活动是指通过新媒体渠道推广品牌，实现品牌传播的活动。病毒 K 因子（k-factor）

是一个重要指标。病毒 K 因子用于评判"病毒"传播的效果。其公式为：病毒 K 因子 = 感染率×转化率。病毒 K 因子越高，表明传播效果越好。

9.5.2 活动前的数据准备

1. 数据清理

数据清理是数据准备过程中耗时、乏味但非常重要的步骤。该步骤可以有效减少数据分析过程中可能出现的错误。以下几种初始数据需要清理：噪声数据、错误数据、缺失数据、冗余数据。

2. 数据集成

数据集成是将多个数据源（数据库、数据立方体或一般文件）中的数据结合起来存放到一个数据存储中心（如数据仓库）的过程。

3. 数据转换

数据转换是采用线性或非线性的方法将多维数据压缩成少维数据，消除它们在空间、属性、时间及精度等特征表现上的差异的过程。这类方法虽然对原始数据通常都是有损的，但其结果往往具有更强的实用性。数据转换的方法有数据平滑、数据聚集、数据概念化、数据规范化、属性构造等。

4. 数据归约

在数据经过去噪处理后，我们可对其进行归约。数据归约就是在减少数据存储空间的同时尽可能保证数据的完整性，获得比原始数据小得多的数据，并将数据以合乎要求的方式表示。数据归约方法主要有：数据立方体聚集、维归约、数据压缩、数值压缩、离散化和概念分层。

9.5.3 活动中的数据监测

活动运营对于在短期内促进新用户增长和老用户活跃有着巨大的推动作用，要让活动运营带来的效益反馈到产品迭代上，数据监测是必不可少的一个环节。

1. 提前测试

如果是开展比较重要的活动，运营者要先进行测试，确保整体方向没有问题后再开展。

2. 环节分析

如果活动数据出现了异常，运营者要确定是哪个环节出现的问题，并采取相应措施及时止损。

3. 渠道对比

渠道对于活动来说是很重要的要素，无论在哪个新媒体平台举办活动，运营者都希望通过活动取得良好的传播效果。要想快速引爆活动，运营者在活动策划时就需要挑选合适的宣传渠道。

运营者需要对不同渠道的转化数据进行采集、分析和比较，如果发现某个渠道效果好，可以适当增加这个渠道的投放力度。

例如，企业开展一个活动：老用户邀请新用户注册，老用户和新用户都可以获得100元代金券，如果新用户完成订单，邀请人还可以获得100元代金券。

活动流程：活动页面→通过各种方式邀请好友加入→好友加入并完成注册→邀请人和被邀请人获得100元代金券→好友完成订单→邀请人再获得100元代金券。

此时，需要监测的数据有如下几类。

（1）活动投放渠道引入用户的转化率，了解什么样的用户对活动感兴趣。

（2）用户喜欢什么邀请渠道，各个渠道转化率如何。

（3）新用户对活动是否感兴趣。

（4）新用户进入后有没有下单，销售的产品对新用户的吸引力如何。

（5）收到代金券后，用户是否使用。

9.5.4 活动后数据复盘

复盘的目的是学习以往经验、实现运营能力提升，活动后的数据复盘，对运营者有重大意义。

1. 复盘意义

（1）对比活动目标，判断活动效果。

进行数据复盘，运营者可以把各项活动数据按照时间维度列出，从而一览整个活动的走势。运营者可以结合最终活动数据，对比活动目标，参照活动成本，判断这场活动的投入产出比是否合理，以便日后更好地进行活动运营。

（2）分析不足之处，避免重复犯错。

每一场新媒体活动都可能会因为各种原因而有一些缺憾。运营者在复盘的时候，需要知道哪些地方做得不够好，是客观原因造成的还是主观原因造成的，下次如何避免。如果能找到一些之前没有注意的错误，对运营者而言将是较大的收获，可以避免在后续活动中再次犯下同样的错误。

（3）总结经验，促进持续提升。

运营者通过分析和总结可以及时获得经验教训，提高认识，从而确保下一次活动做得更好。多场活动做下来，运营者对用户的了解会更深一些，理解目标用户对哪些利益点、话题、文案、视觉风格，互动形式等更感兴趣。对用户越了解，越有利于运营者抓住用户心理，获得更好的活动效果。

2. 回顾目标

活动结束后，运营者找出当初活动策划时确定的目标，并思考后续活动执行是否朝着目标迈进，其间是否出现过波折以及产生波折的原因。运营者要注意回顾目标本身是否合理，分析当初是基于什么条件设定的目标，如果目标一开始就不合理，复盘得出的结论也很难有说服力。

3. 对比结果

运营者应基于原有的活动目标对比最终的活动数据，从而确定本次活动是否达成了目标。为了更直观地反映结果，可以把各项活动指标的实际数据与目标数据做对比，并通过表格的形式呈现，以更加清晰地展现对比结果，如表 9-3 所示。

表 9-3 对比结果

关键指标	目标	实际结果	对比
新增关注数			
花费成本			
活动参与人数			
新增单个用户成本			

通过活动数据的对比，运营者可分析活动成功或者失败的根本原因。

4. 总结经验

运营者结合对活动成功或失败的原因剖析，思考后续举办类似的活动需要采取哪些措施，注意避免什么错误，同时要挖掘一些新的办法，确保后续活动的成功举办。

9.5.5 活动数据分析常见误区

在商业活动中，数据本身是客观的，但解读数据的人是带有主观性的。受到学识、能力、心态、经验等因素的影响，运营者也会出现一些错误，导致分析结论与实际需求出现较大的偏差。因此，进行活动数据分析要规避以下误区。

1. 要采样不要全部

长久以来，当面临大量数据时，人们依赖于采样分析。但是采样分析是信息缺乏时代和信息流通受限的模拟数据时代的产物，它本身存在许多固有的缺陷，其成功依赖于采样的绝对随机性，一旦采样过程中存在任何偏见，分析结果就会与实际相去甚远。以前人们通常把这看成理所当然的限制，但是现在低价的存储设备、较高的运算能力让大家意识到，这其实是一种人为的限制。与样本相比，总体数据可以呈现更丰富的信息。

2. 要因果不要相关

因果关系是一个事件（即"因"）和第二个事件（即"果"）之间的作用关系。而所谓相关关系，其核心是量化两个数值之间的数理关系。相关关系强是指当一个数值变化时，另一个数值很有可能也随之变化。相反，相关关系弱就意味着当一个数值变化时，另一个数值几乎不会发生变化。不能因为两个变量之间存在关系就认为二者之间有因果关系。

3. 偶然结果被夸大

运营者不能因为一场活动的成功而盲目相信某些特殊运营手段带来的偶然结果，以为采用这种运营手段就一定能带来好的结果。

例如，某运营者曾经在微信公众号举办转发微信推文送书的活动，获得了很好的活动效果，粉丝数大幅增长。如果因此判断转发微信推文送书是一个绝佳的运营手段，可能失之偏颇。事实上，这与运营者当时所处的时间节点（开学季）、粉丝属性（学生居多）也有很大关系，如果在一个其他类型的微信公众号策划类似的活动，可能并不能取得同样好的效果。

4. 主观臆测结论

运营者在复盘时，个人的主观意志往往会对数据分析造成较大的干扰。可能在数据分析还没开始时，运营者可能已经在脑海里得出一些结论，然后运营者就依据这些结论，努力寻找证明这些结论的数据，这样的分析是不客观的。

5. 错判因果关系

某电商网站数据显示，产品的评论量与产品销量成正比，即一个产品评论量越多，该产品的销量也越高。

假如运营者认为评论多是销量高的原因，则该数据分析的结论就会指导运营者，创造更多的产品评论来带动产品销售。但如果真的这样操作，运营者就会发现产品的销量对于评论的敏感度并不一样，甚至很多产品销量很高，但其评论较少。这时，运营者就需要思考，评论量真的是影响销量的必然因素吗？

除了评论量，影响销量的因素还有质量、价格、活动等。因此，在分析数据的时候，正确判断数据指标的因果关系，是运营者做出正确的产品决策的前提。

6. 过度依赖数据

过度依赖数据，一方面会让运营者做很多没有价值的数据分析，另一方面也会限制产品经理的灵感和创意。例如，我们分析马车的数据，很可能得出的结论是用户需要一辆更快的马车。如果过度依赖数据，局限了思维，就很有可能不会有汽车的诞生。

很多优秀甚至伟大的产品决策，并不是通过数据分析做出的，而是一个产品经理综合智慧的体现。只有正确地认识数据，才能正确地利用数据。在做数据分析时，运营者应有一种求证的心态，并警惕那些可能被人处理过的二手数据。

同步训练

1. 活动前如何进行数据准备？

_____

_____

2. 数据复盘的意义是什么？

_____

_____

3. 选择一家公司的活动，查阅资料进行用户分析，将结果填至表 9-4 中。

表 9-4 用户数据统计表

	20～30 岁	
年龄占比	31～40 岁	
	41～50 岁	
性别占比	女性	
	男性	
渠道占比	微博	
	抖音	
	微信	
	官网	

9.6 新媒体数据分析报告

数据分析报告是数据分析结果的有效承载形式，可以把数据分析的起因、过程、结果及建议完整地呈现出来。数据分析报告也是一种沟通与交流的形式，主要用于将分析的结果、可行性建议以及其他有价值的信息传递给决策者，从而让决策者正确理解，做出正确的判断和决策。一份思路清晰、言简意赅的数据分析报告能指出问题，提高沟通效率，一般可采用 Word 或 PPT 的形式来呈现。

9.6.1 数据分析报告的作用

运营者对新媒体数据进行挖掘、处理及分析后，一般可以得到较为完整的数据结果。但纯粹的数字或图表，仅运营者自己看得懂，无法用于内部交流。因此在获得数据分析结果后，运营者需要撰写数据分析报告，使数据分析结果易于理解与留存。数据分析报告的作用主要体现在以下几个方面。

1. 展示分析结果

数据分析报告以特定形式将数据分析结果清晰地展现给决策者，方便其迅速理解、分析、研究问题的基本情况，得出结论并提出建议。

2. 资料存档记录

重要的业务资料都要存档，存档的资料更方便查阅。另外，由于多次进行数据分析，结果可能存在差异，对差异的处理同样需要被记录保存下来。

3. 验证分析质量

数据分析报告是对整个数据分析项目的总结，报告中对数据分析方法的描述、对数据结果的处理与分析等可以验证数据分析的质量，以体现数据分析过程的科学严谨。

9.6.2　数据分析报告的类别

新媒体数据分析报告一般包括日常运营报告、专项研究报告及行业分析报告。三种不同类型的报告适用于不同场合，但总体来说都是对数据分析结果的总结。需要特别指出的是，同行的内部运营数据通常无法直接获取，因此行业分析报告主要反映行业的整体情况。

1. 日常运营报告

日常运营报告是以定期数据分析报表为依据，反映计划执行情况并分析影响和形成原因的一种数据分析报告，这种报告一般是按日、周、月、季、年等时间阶段定期撰写，所以也称定期分析报告。其包括网站流量日报、微信公众号粉丝周报、今日头条阅读量周报、粉丝月报、网站转化率月报等。这里只是举例，还会有其他自媒体平台的阅读量统计报表等。具体是日报、周报还是月报，要看企业实际的考核安排，一般以周报和月报居多。撰写日常运营报告要注意，表头是固定的，不要轻易改动，这样方便决策者查阅和对比，递交数据要遵循流程化原则，按规定时间递交，这会大大提高制作日常运营报告的效率。

常见的日常运营报告主要分为以下三种：过程表、效果表以及汇报表。

（1）过程表。

过程表主要体现的是团队日常的工作过程，包括工作完成时间、任务完成数量等，主要用于后期绩效考核，大致如表 9-5 所示（由于每家企业的考核标准不同，把相应指标代入即可）。

表 9-5　运营推广过程表

时间	文章发布数	友情链接交换数	外链发布数	群发布广告信息数	邮件发布数
2022-01-03	8	3	100	20	100
2022-01-04	18	10	200	10	200
2022-01-05	10	1	100	13	50
2022-01-06	2	5	80	14	67

（2）效果表。

效果表主要体现新媒体运营团队的运营效果，以微信公众号为例，如表 9-6 所示。

表 9-6　微信公众号效果表

时间	粉丝增加数	取消关注数	文章阅读数	文章转发数	文章转化率
2022-01-03	10	2	888	18	6.20%
2022-01-04	80	30	2 897	98	3.25%

（3）汇报表。

汇报表主要用于新媒体部门外部交流。因为过程表和效果表过于专业，企业需要专门制作一份通俗易懂的汇报表。汇报表中要少用专业词汇，只展现重点数据即可。

2. 专项研究报告

专项研究报告是对新媒体运营的某一方面或者某一问题进行专门研究的一种数据分析报告，可以将数据挖掘技术应用于实践，为决策者提供决策参考的依据，如粉丝增长来源报告、流量异常分析报告、上周广告投放效果报告等。专项研究报告的重点是深入挖掘问题，以及寻找解决问题的方案。这种报告针对特别事件，所以是不定期报告。

一份专项研究报告一般包括问题表述、研究思路、数据解读和分析建议等部分，报告的呈现形式根据沟通方式而定，PPT 或 Word 形式都可以。

例如，某团队针对"近半个月微信推广费用增加但未见效果"这一问题做了专项研究，按照"问题表述、研究思路、数据解读、分析建议"的思路设计 PPT，并在会议上根据 PPT 展开讨论。

（1）问题表述。

本次待解决的问题是"近半个月微信推广费用增加但未见效果"，实际上需要解决的是两个方面的问题：推广费用使用问题和销售效果问题。

（2）研究思路。

对于推广费用使用问题，需要研究 1 年内推广费用走势及近半个月推广费用分配情况。对于销售效果问题，需要拆解与推广相关的结果数据，需要进行粉丝变化分析、阅读分析、销售情况分析等，如表 9-7 所示。

表 9-7　思路设计

问题表述	近半个月微信推广费用增加但未见效果 1. 推广费用使用问题：钱花在了哪里 2. 销售效果问题：销量为什么没增加
研究思路	推广费用使用问题研究思路 1. 1 年内推广费用走势分析 2. 近半个月推广费用分配情况 销售效果问题研究思路 1. 粉丝变化分析 2. 阅读分析 3. 销售情况分析

需要挖掘和处理的数据如图 9-11 所示。

（3）数据解读。

通过对 1 年内的推广费用走势进行分析（见图 9-12），不难看出 12 月的费用确实比其他月份有所增加，甚至比年初 15 000 元的推广费用高出近一倍。

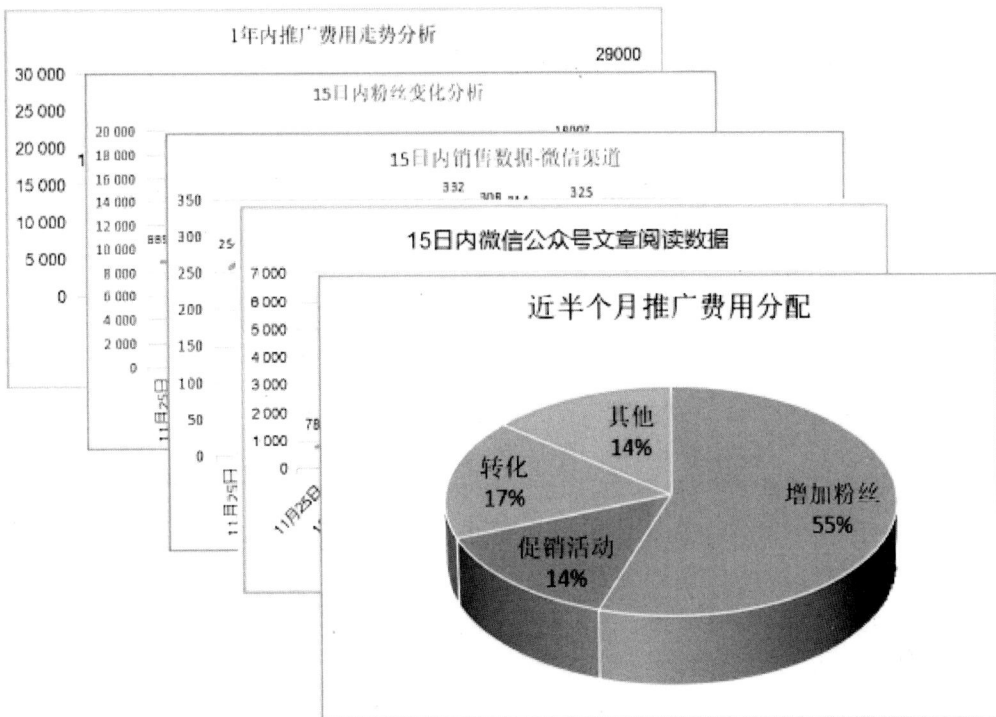

图 9-11　需要挖掘和处理的数据

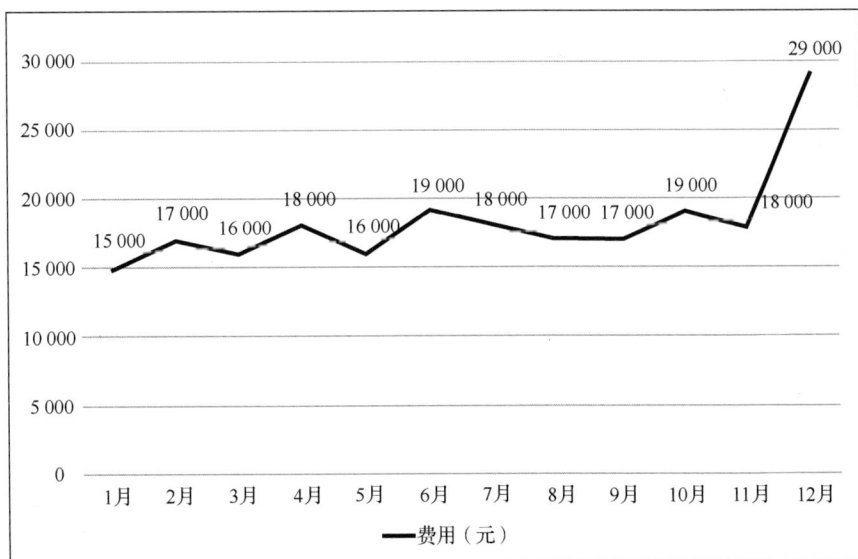

图 9-12　1 年内推广费用走势分析

12 月初的推广费用用于增加粉丝、促销活动、转化等，如图 9-13 所示，其中 55%的费用用于增加粉丝。

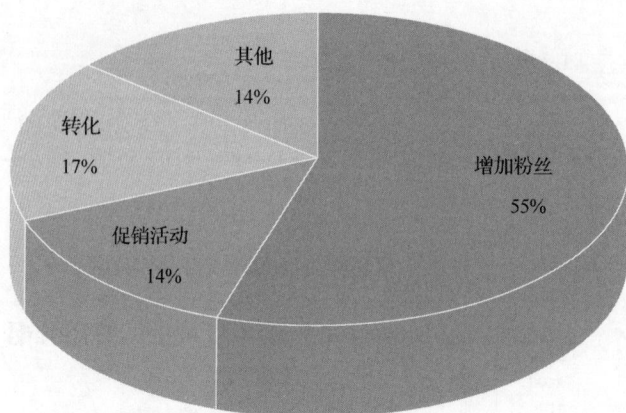

图 9-13　近半个月推广费用分配情况

从增加粉丝效果上看，自 11 月 25 日起 15 日内增加约 9 000 名粉丝，如图 9-14 所示。粉丝增加后，公众号的文章阅读量有所提升，如图 9-15 所示，由 11 月 25 日的 782 次的阅读量，增加到 12 月 9 日的 2 001 次的阅读量。

但是粉丝增加、阅读量提升后，销售效果变化不大，如图 9-16 所示，日均订单量在 300 件左右波动。

（4）分析建议。

根据上述数据解读，可以得出近期有关新媒体运营的两个方面的结论。

微信公众号增加粉丝的效果可以从粉丝增加数量、文章阅读量等维度进行分析。

从文章阅读量上看，内容曝光情况略有提升，12 月初阅读量高于 11 月底的阅读量，同时出现两篇阅读量 5 000 次左右的文章。

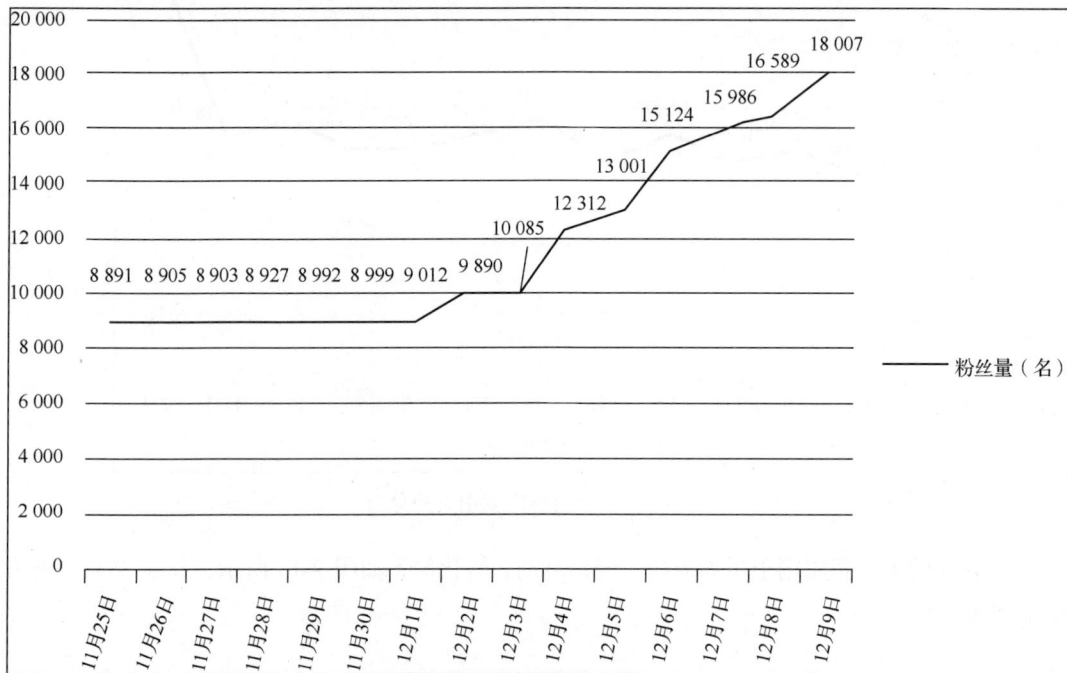

图 9-14　粉丝变化分析

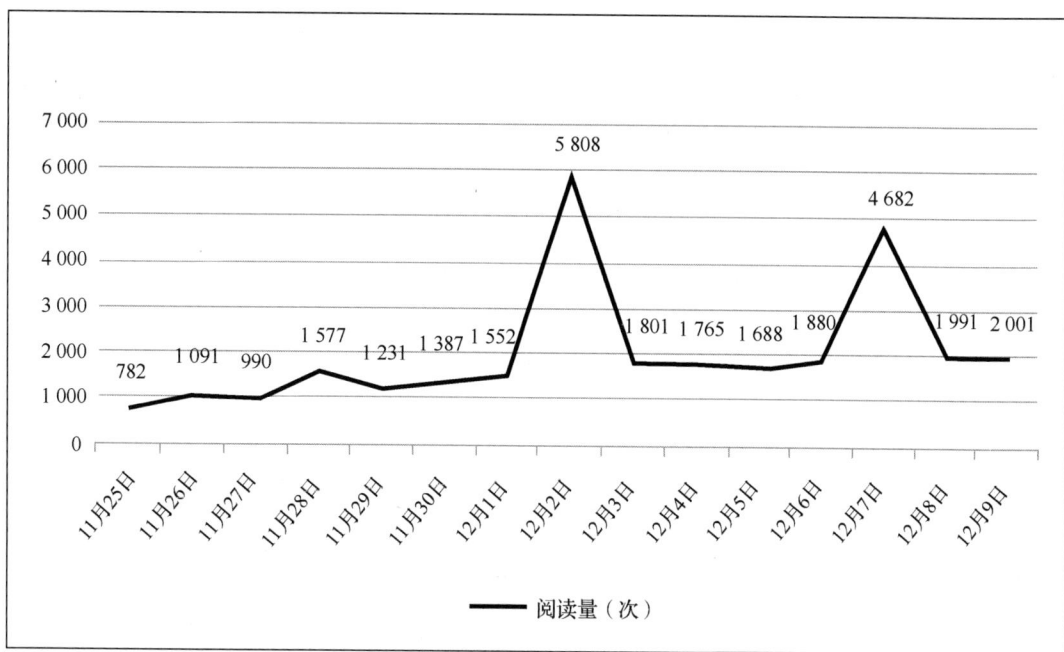

图 9-15　微信公众号文章阅读数据

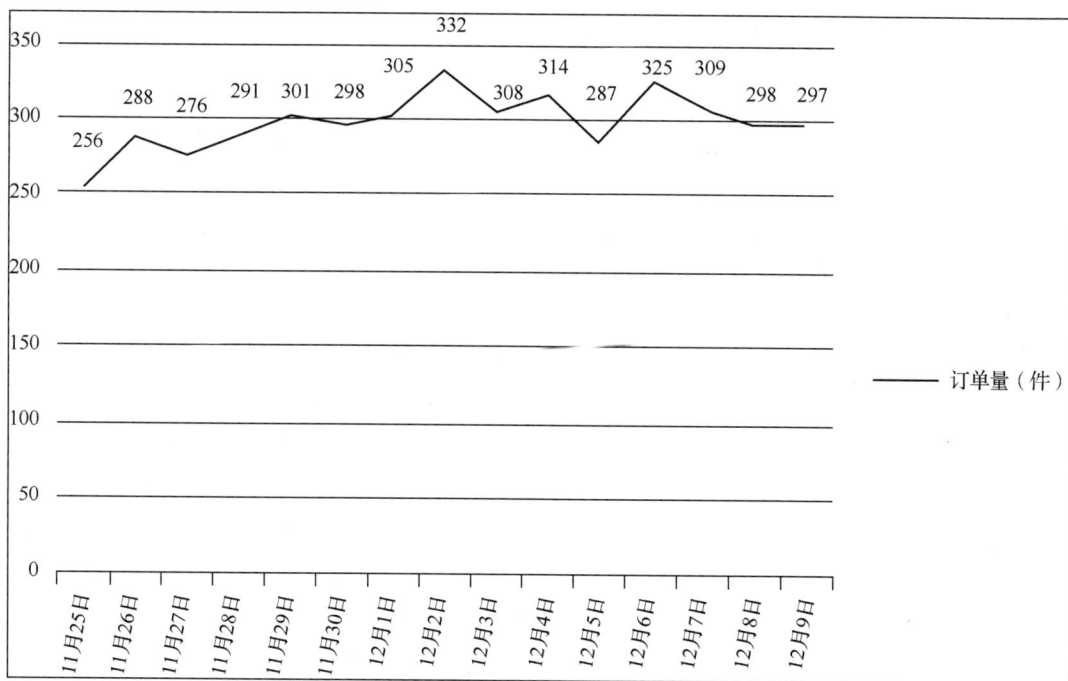

图 9-16　销售数据

结合以上分析总结，对于接下来的新媒体工作有两点建议。

一是增加转化推广费用比例。12月初的推广费用主要用于拓展新用户，促进微信公众号的粉丝增加。下一阶段可以考虑进行推广费用比例的调整，将一部分资金用于销售转化，通过举办"买即赠""下单有礼""购物抽奖"等活动，促进销量的提高。

二是提高微信文章转化率。12 月初微信公众号的阅读量有所提高，出现两篇阅读量 5 000 次左右的文章，但是销售效果变化不大，说明微信文章的内容需要进一步优化，尤其是文章内广告的植入。通过提高微信文章转化率，结合正在逐步提升的文章阅读量，可以有效增加微信端的订单量。

3. 行业分析报告

行业分析报告用于分析新媒体行业的整体情况，主要分为两类，一是整个行业的报告，二是同行业竞争对手的报告。

行业分析报告与专项研究报告不同，主要是针对行业、竞争对手展开分析，最后得出结论并提出运营建议。

（1）行业分析。

对行业进行分析，主要是分析行业大数据，从而得到行业内用户的基本特征、行为路径等信息。现阶段各大互联网平台都已经将数据开放，运营者可以直接获取相关数据或图表进行行业分析，主要是对百度指数、微指数、微信指数等进行分析。

在行业分析报告中，运营者需要对行业的整体趋势进行分析，得到一段时间内该行业或行业内的产品的搜索热度，进而了解用户对该行业的关注情况。运营者需要借助需求图谱（需求图谱指用户在搜索某词前后的搜索行为变化中表现出来的相关检索词需求情况）呈现相关搜索需求，分析下一步可以尝试布局的内容关键词、产品推广词。

（2）竞争对手分析。

想要获得竞争对手的内部数据自然是不可能的，运营者只能自己统计。首先是对竞争对手所有账号的文章的阅读量、点赞数、评论数、转发率等进行分析；其次是对其在运营过程中使用的具体方法进行分析，如竞争对手在什么时间发布文章、发布文章的数量、所做的活动时间等；最后是销售分析，也就是分析竞争对手的销量，要进行定期的跟踪整理。

通过以上三个方面的分析，运营者最终可得出结论并提出优化建议，这就是行业分析报告的基本组成及写法，如图 9-17 所示。

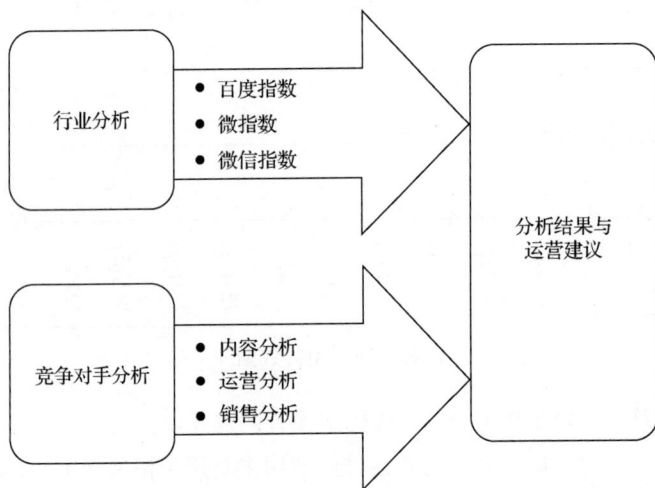

图 9-17　行业分析报告主体的撰写架构

9.6.3　数据分析报告的撰写

1. 数据分析报告的结构

数据分析报告虽然有特定的结构，但这种结构并非一成不变，根据不同的撰写人员、不同的汇报对象、不同的研究对象、不同性质的数据分析，最后产生的报告可能会有不同的结构。数据分析报告通常是"总—分—总"结构，主要包括开篇、正文和结尾三大部分。

在数据分析报告中，"总—分—总"结构的开篇部分包括标题、目录和前言。前言主要包括分析背景、分析目的与分析思路，正文部分主要包括具体分析过程与结果，结尾部分包括结论、建议及附录。

（1）标题。

标题要精简干练。精心设计的标题，不仅可以表现数据分析的主题，还能够激发读者的阅读兴趣。因此运营者需要重视标题的撰写，以增强其表现力。

（2）目录。

目录可以帮助读者方便快速地找到所需的内容，目录中要列出报告主要章节的标题。如果是在 Word 中撰写报告，在章节标题后面还要加上对应的页码，对于比较重要的二级目录也可以将其列出来。从另一个角度说，目录相当于数据分析大纲，它可以体现报告的分析思路。但是目录也不要太过详细，否则会让人觉得冗长。通常企业的高层管理人员没有时间阅读完整的报告，他们可能仅对其中一些图表展示的分析结论有兴趣，因此当报告中没有大量的图表时，可以考虑将各张图表单独制作成目录，以便更有效地使用。

（3）前言。

前言主要包括分析背景、分析目的及分析思路三个方面。

① 分析背景。

对数据分析背景进行说明，主要是为了让读者对整个分析研究的背景有所了解。这部分内容主要阐述分析的主要原因、分析的意义以及其他相关信息，如行业发展现状等内容。

② 分析目的。

分析目的是为了让读者了解开展此次分析能带来何种效果、可以解决什么问题。在实际写作中，有时将分析背景和分析目的合二为一。

③ 分析思路。

分析思路用来指导运营者进行完整的数据分析，即确定需要分析的内容或指标，这是分析方法论中的重点，也是令很多人常常感到困惑的部分。只有在正确的营销、管理理论的指导下，运营者才能确保数据分析维度的完整性、分析结论的有效性及正确性。

（4）正文。

正文是数据分析报告的核心内容，它将系统全面地表述数据分析的过程与结果。撰写正文时，运营者应根据之前确定的每项分析内容，利用各种数据分析方法一步步地展开分析，通过图表与文字相结合的方式形成报告正文，方便读者理解。

正文一般通过展开论题对论点进行分析，是反映运营者的见解和研究成果的核心部分，因此正文占数据分析报告的绝大部分篇幅。一篇数据分析报告必须经过科学严密的论证才能确定观点的合理性和真实性，才能使别人信服，因此数据分析报告正文部分的论证是极为重要的。正文部分包含所有数据分析事实和观点，通过数据图表和相关文字的结合展开分析。正文各部分具有严密的逻辑关系，通常运用金字塔原理来组织，即首先提出数据分析报告的核心观点，然后说明核心观点由哪些子观点构成，支持每个观点的数据是什么。

（5）结论与建议。

结论是以数据分析结果为依据得出的，通常以综述性文字来说明。它不是分析结果的简单重复，而是结合公司实际业务，通过综合分析、逻辑推理形成的总体论点。结论是去粗取精、由表及里而总结出的共同、本质的规律，它与正文紧密衔接，与前言相对应，使数据分析报告首尾呼应。这一部分应该措辞严谨、准确、鲜明，根据数据分析结论对公司或业务等所面临的问题提出改进方法及建议，主要关注保持优势及改进劣势等方面。运营者给出的建议主要是基于数据分析结果得到的，会存在局限性，所以运营者一定要结合公司的具体业务，才能得出切实可行的建议。

（6）附录。

附录是数据分析报告的一个重要组成部分，一般来说附录提供正文中涉及而未具体阐述的有关资料，有时也含有正文中提及的资料，用来补充和支撑正文的内容。它主要包括数据分析报告中涉及的专业名词解释、计算方法、重要原始数据、地图等内容，每部分内容都需要编号以备查询。当然并不是每一篇数据分析报告都有附录，附录是对数据分析报告的补充，并不是必需的，运营者应根据实际情况决定是否需要添加。

2. 数据分析报告的撰写流程

（1）明确目标任务。

这是指确定最终的业务目标，明确需解决的问题，并对问题进行细分，针对细分的问题确定探索指标。

（2）确定报告逻辑。

这是指根据问题拆分结果，结构化、合理地设计讲述逻辑，注意设置关键指标来界定探索指标。

（3）数据分析整理。

这是指收集分析项目需要的数据，包括公司内部数据和行业外部数据，并且删除重复性的或其他不必要的数据，确定数据并进行统一，计算数据指标，进行描述性分析，形成可视化图表。

（4）分析报告呈现。

这是指通过合适的数据、有表达意义的图表建立数据模型，根据历史数据预测未来情况，梳理分析结论，形成系统性的业务方案，并进行设计美化，呈现最终的数据分析报告以及处理方案。

同步训练

选择一个新媒体平台，发布一篇产品文案并进行推广运营，一周后，根据运营情况撰写新媒体数据分析报告。

2023 年汽车厂商新媒体营销数据分析

近年来，短视频、直播等新媒体形式逐渐成为用户获取信息的主要方式。在汽车行业中，越来越多的厂商建立品牌官方账号，发布新媒体内容，重塑与用户的沟通方式。无论是品牌官方账号的运营，还是新媒体内容的打造，对汽车厂商来讲，都意味着全新领域的试水和运营成本的投入。

汽车厂商新媒体营销以短视频、图文为主，如图 9-18 所示。截至 2023 年 6 月，几乎全部厂商都采用新媒体形式营销，92%的厂商官方账号持续发文，但仅有 44%的厂商持续进行直播。中国传统品牌直播更积极，豪华品牌、中国新创品牌持续性直播少。

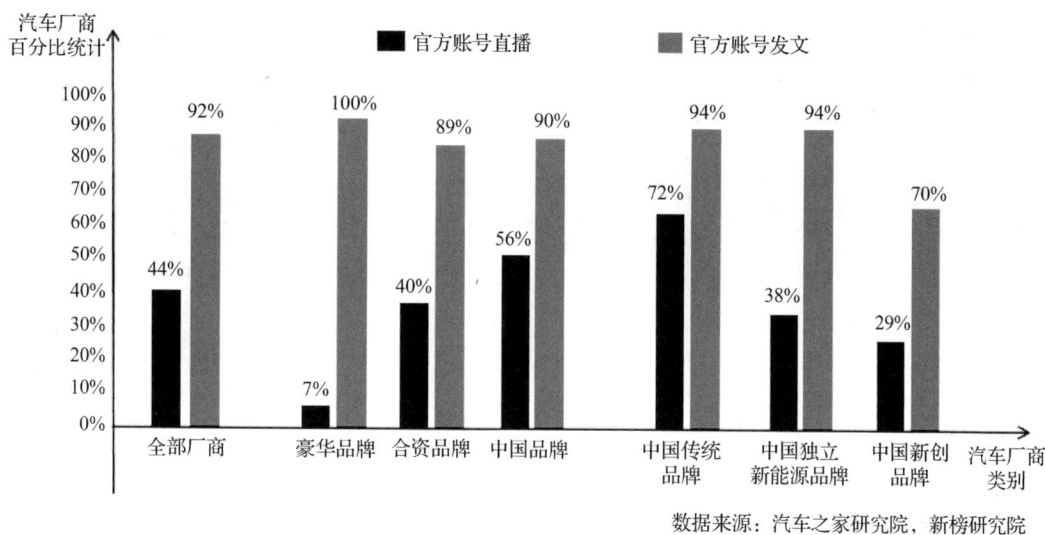

数据来源：汽车之家研究院，新榜研究院

图 9-18　每月持续进行官方账号直播和官方账号发文的汽车厂商数量占比

与 2022 年相比，2023 年汽车厂商直播时长提升明显，如图 9-19 所示，直播时长多集中在 1～3 小时。

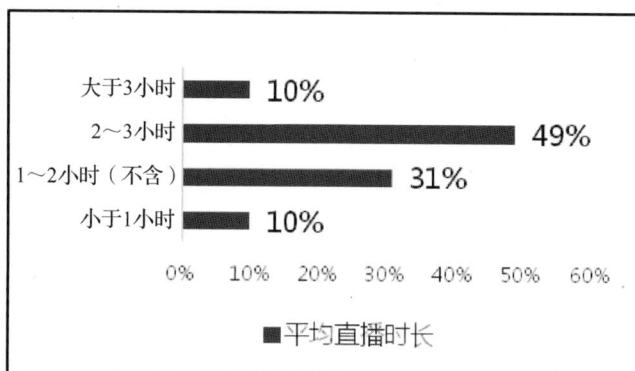

图 9-19　汽车厂商直播时长分布统计

发文内容类型以汽车类为主，如图 9-20 所示。汽车跨界类内容中的人文社科类和家庭家居类内容占比快速增长。如图 9-21 所示，短视频内容中，超过 50% 的短视频时长在 60 秒以内；图文内容会配多张图片，超过 70% 的图文内容的配图在 2～9 张。

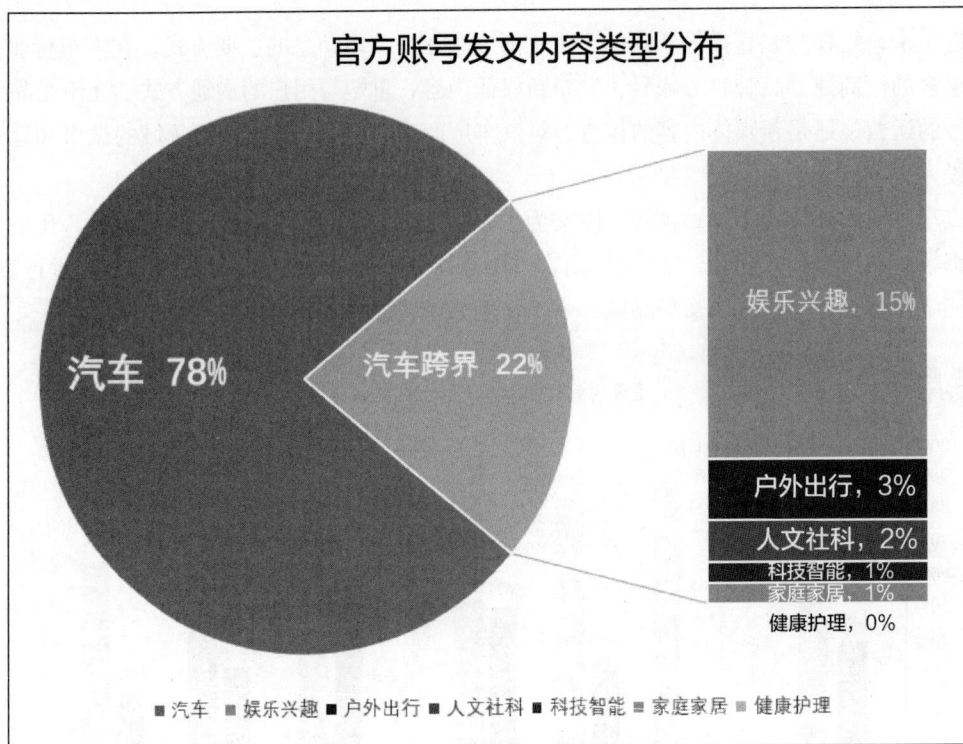

图 9-20 官方账号发文内容类型分布

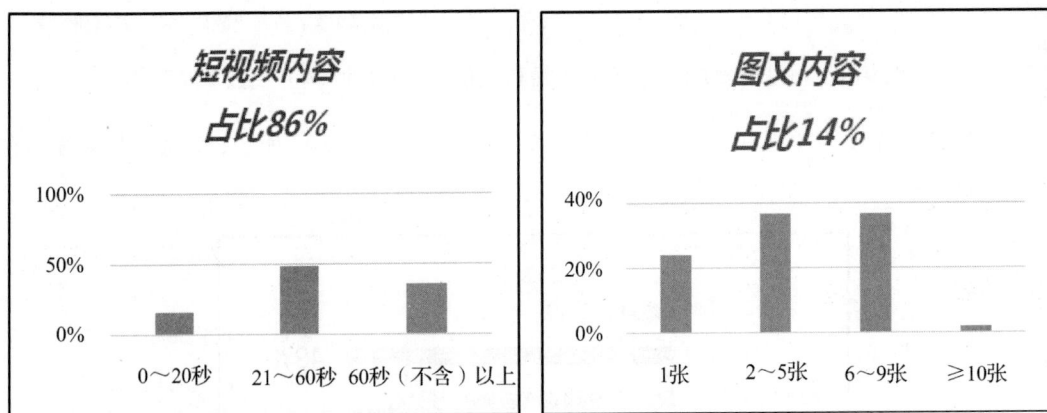

图 9-21 内容占比

综上所述，新媒体营销已成为汽车厂商的重要营销方式，但伴随着流量红利的逐渐消失，如何确保新媒体营销效果应是汽车厂商关注的焦点。

学有所思

如果你是汽车厂商的新媒体营销负责人，你将如何利用数据来指导做出营销决策？

AIGC 项目实训

AIGC 工具在新媒体数据分析中的应用

智汇科技是一家专注于智能手机研发与销售的品牌，其官方微信公众号、微博、抖音等新媒体平台拥有大量粉丝和活跃用户。随着新媒体环境的不断变化和竞争的加剧，智汇科技意识到深入分析和利用新媒体数据的重要性。因此，决定借助 DeepSeek 来优化其新媒体数据分析流程，旨在更精准地把握用户需求和市场趋势，制定更加有效的营销策略，提升品牌影响力和用户忠诚度。

1. 实训要求

（1）数据收集：选择智汇科技官方微信公众号、微博、抖音等新媒体平台，收集用户行为数据（如浏览记录、点赞、评论、分享等）和内容数据（如图文、视频等）。

（2）策略制定：根据分析报告制定新媒体营销策略，并在平台上进行实践验证。

（3）效果评估：一周后，根据实践效果撰写新媒体数据分析报告，评估 DeepSeek 在数据分析与营销策略制定中的实际作用。

2. 实训操作

（1）明确意图：利用 DeepSeek 分析智汇科技新媒体平台数据，生成详细的数据分析报告，并为制定营销策略提供参考。

（2）设计指令：根据品牌分析，设计指令，例如，智汇科技是一家专注于智能手机销售的品牌，其新媒体平台拥有大量粉丝。为了更精准地把握用户需求和市场趋势，现需要分析这些平台的数据。数据包括用户的浏览记录、点赞、评论等行为数据以及图文、视频等内容数据。请基于这些数据，生成详细的数据分析报告，包括用户兴趣偏好、活跃时段、互动行为等关键信息，并为智汇科技制定新媒体营销策略提供参考。

（3）发送指令：打开 DeepSeek 页面，在底部的文本框中输入要求，并按"Enter"键发送，查看给出的营销策略，如图 9-22 所示。

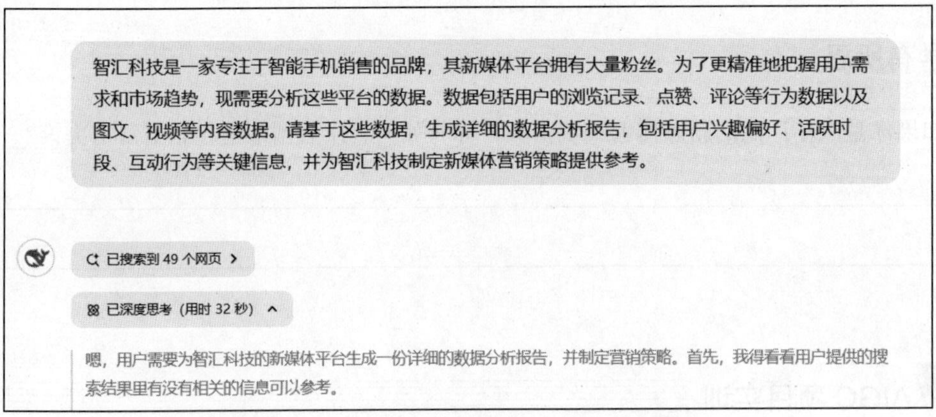

智汇科技是一家专注于智能手机销售的品牌，其新媒体平台拥有大量粉丝。为了更精准地把握用户需求和市场趋势，现需要分析这些平台的数据。数据包括用户的浏览记录、点赞、评论等行为数据以及图文、视频等内容数据。请基于这些数据，生成详细的数据分析报告，包括用户兴趣偏好、活跃时段、互动行为等关键信息，并为智汇科技制定新媒体营销策略提供参考。

🔍 已搜索到 49 个网页 ＞

⊗ 已深度思考（用时 32 秒）∧

嗯，用户需要为智汇科技的新媒体平台生成一份详细的数据分析报告，并制定营销策略。首先，我得看看用户提供的搜索结果里有没有相关的信息可以参考。

图 9-22　DeepSeek 帮助智汇科技生成数据分析报告